CRANS-MONTANA

DU MÊME AUTEUR :

Le roman de Lili, Lattès, 2000.
Jungle, Lattès, 2005.
Tout cela n'a rien à voir avec moi, Lattès, 2013, Prix de Flore.

www.editions-jclattes.fr

Monica Sabolo

CRANS-MONTANA

Roman

JC Lattès

Maquette : Bleu T.

ISBN : 978-2-7096-5045-8

Première édition août 2015.

Les garçons

1.

À cette époque, à Crans-Montana, nous étions tous amoureux d'elles. Des trois à la fois, ou l'une après l'autre, ou alors d'une seule, une obsession qui surgissait à la patinoire, à la boulangerie, devant les télécabines, et qui vous souriait et vous broyait le cœur, lointaine, dans un pull tricoté ou un manteau en castor.

Nous connaissions leurs garde-robes, leurs parfums. Leurs sourires, leurs fossettes, leurs grains de beauté – sur l'épaule, l'avant-bras –, les contours rebondis de leurs fesses moulées dans des Levi's appartenant à leurs frères. Nous connaissions leurs chalets, leurs parents, leurs accessoires, barrettes, boucles d'oreille en turquoise, bracelet en corail, chaussettes multicolores qui montaient jusqu'en haut des cuisses. Nous connaissions leurs dates d'anniversaire, leur adresse à Paris ou à Milan, leur collège dans le XVIe, leur pensionnat à Lausanne.

Nous les connaissions comme des enquêteurs connaissent les suspects qu'ils observent, tapis dans des voitures grises, clé sur le contact. Nous accumulions les preuves de leur existence, cigarettes menthol, chewing-gum Hollywood au citron, bonbons à la violette, et une bague en onyx avec une tête de mort oubliée sur le rebord d'un lavabo et glissée fébrilement dans une poche. Le soir même, au Sporting, elle passerait de main en main, examinée par chacun d'entre nous, en silence, pièce à conviction polie du mystère féminin.

Elles étaient des apparitions auxquelles nous rêvions, de retour dans nos appartements bourgeois, repassant les souvenirs de nos vacances comme des diapositives où elles défilaient, éclaboussées de lumières, chuchotant des mots doux dans une langue secrète. Elles étaient nos premiers amours, et toutes les autres femmes de nos vies ensuite seraient comparées à elles, et aucune ne pourrait jamais effacer leurs fantômes. Ils surgissaient plus réels que nos épouses, nos maîtresses, les mères de nos enfants.

La bande des trois C. Chris, Charlie et Claudia. Les deux Parisiennes et l'Italienne. Elles étaient toujours ensemble, bras dessus bras dessous, ou assises nonchalamment sur une banquette, un mollet replié sous une cuisse, si différentes, et pourtant elles formaient une entité parfaite, une sorte de constellation. Claudia, cheveux blonds, teint pâle, hanches menues, sourire enjôleur. Chris, boucles brunes, peau mate, lèvres provocantes, ongles longs comme des griffes. Charlie, cheveux noirs jusqu'aux fesses, petits seins, longues jambes, figure impassible. Elles avaient l'air de s'amuser et de se moquer du monde alentour. Elles buvaient un Coca-Cola à la paille, ou se tenaient par la main sur la glace de la patinoire, leurs cheveux déployés sur les épaules, et à chaque fois, nous sentions nos pouls s'affoler, nos joues s'enflammaient, et il y en avait toujours un pour mimer une agonie, une main sur la poitrine, ou un pistolet imaginaire sur la tempe.

Était-ce l'hiver 1965 ? L'été 66 ? Selon Roberto Alazraki, un Italien de Tripoli qui s'était fait refaire le nez l'année de ses dix-huit ans, elles étaient apparues pour la première fois enroulées dans des paréos au réveillon polynésien de 1965, aux Quatre cents coups, sur les bords du lac de Vermala. Serge

Chubowska, un Parisien qui portait des cravates même pour aller jouer au bowling, prétendait que c'était durant les vacances de Pâques de 1966 au Club, sous la Rôtisserie de la Reine où « elles dansaient comme si on leur brûlait les fesses », mais personne ne lui faisait confiance.

Nous passions toutes nos vacances, ou presque, à Crans-Montana, en Suisse, ou plutôt à Montana-Crans comme on disait alors, l'hiver mais aussi l'été. Auprès de leurs amies, nos mères évoquaient la beauté des montagnes, l'air pur, la sérénité, comme des agences de tourisme, toutes ces choses dont nous nous foutions et qui nous rappelaient que jamais nos parents ne nous comprendraient. Même avant l'apparition des trois filles, jamais Crans-Montana ne fut pour nous un refuge. La lumière y était crue, le ciel coupant, les forêts sombres, inquiétantes. Sur les pistes de ski ou sous le coton de nos couettes, nous nous sentions douloureusement vivants, nos cœurs battaient trop fort. À Paris, nous menions des vies conventionnelles, mais là-bas, tout était sauvage, la liberté y était terrifiante. Nous nous retrouvions, garçons de bonne famille, juifs pour la plupart – même si cela n'avait aucune importance, nous étions une bande –, à l'école de ski ou à la crêperie, et plus tard dans les night-clubs de la station, et chaque fois nous respirions plus vite, la poitrine comprimée par l'exaltation et la menace.

En réalité, les trois C étaient là depuis toujours. Elles avaient été des fillettes trottinant à la Grand-Place, le supermarché moderne du centre de la station où nos parents achetaient des quantités absurdes de fromage et de chocolat. Elles avaient sucé des Sugus, ces bonbons suisses au sirop de glucose, dissimulées derrière les silhouettes autoritaires de leurs frères. Elles étaient devenues des pré-adolescentes effacées, polies, habillées de petits manteaux sombres, taillés dans une laine qui ressemblait à du carton. Comme nous, elles avaient pris des cours de golf, de ski, nagé à la piscine, elles avaient couru sur la terrasse du Sporting où, comme nous, elles volaient les tiges en plastique orange qui mélangeaient les cocktails. Mais nous ne les avions pas vues. Nous vivions dans un monde parallèle, moelleux et doux comme une neige de printemps. C'était un temps sans souvenir, un temps dont seuls nous resteraient les parfums de nos mères, nous embrassant le soir, apprêtées, maquillées, nous laissant vaguement inquiets, conscients de notre parfaite inutilité.

Puis soudain, un été, ou était-ce un hiver ?, les trois C avaient subi une métamorphose biologique inouïe, elles étaient apparues toutes les trois, avec des seins, des cheveux qui avaient poussé d'un seul coup, des cuisses robustes sous leurs kilts, des breloques autour du cou et des poignets.

Comment s'étaient-elles rencontrées ? Personne ne le saurait jamais.

La ferveur que nous leur vouâmes fut probablement à la hauteur de la stupéfaction que nous ressentîmes lorsqu'elles nous apparurent, transformées. Le monde changeait, leurs sourires assurés annonçaient une révolution. La vie serait désormais effrayante, fabuleuse, faite de solitude et d'émois nocturnes qui se déversaient en nous, comme un lac souterrain.

2.

Nous ne les avions pas vues, et pourtant elles étaient là. C'est Franco Rossetti, dont les parents tenaient l'épicerie de Montana, qui nous raconta les origines, ce temps flou où nous étions aveugles.

Il avait deux ans à peine de plus que nous, mais Franco Rossetti était un homme. Alors que nous étions petits, chétifs, il faisait rouler ses muscles – ils semblaient vivants – sous des tee-shirts délavés et portait des jeans qui laissaient deviner une anatomie fascinante. Nous ricanions en évoquant la « marmotte de Franco ». Nous portions des pantalons de velours l'hiver, des bermudas l'été. Nous étions terrifiés.

Nos parents s'adressaient à Franco comme à l'un des leurs. Ils lui montraient du respect. Alors qu'ils nous interdisaient de parler à table, qu'ils s'enfermaient dans leurs bureaux comme si notre présence évoquait une réalité déplaisante, nos pères aimaient discuter avec Franco. Ils adoptaient un ton de connivence que nous ne leur connaissions pas. Ils commandaient de la viande des Grisons, du champagne, du fromage à raclette, que Franco déposait dans des cartons avec délicatesse.

Daniel Vidal, dont le père aimait frapper la table avec un marteau portant l'inscription *Il capo sono io*, se souvenait d'une scène qu'il nous raconta souvent, les yeux brillants de colère. « Il y avait cette photo de Marilyn Monroe, sur un magazine, posé là sur le comptoir de l'épicerie, et tout à coup, mon père a dit à Franco : "Ils étaient trop gros pour elle, non ?" Vous savez de quoi il parlait ? De ses seins ! Il parlait de ses nibards ! » À chaque fois que Daniel Vidal se remémorait la scène, son regard se perdait dans le vide, puis il se mettait à ricaner douloureusement.

En sa présence, nos mères n'étaient plus tout à fait elles-mêmes. Elles se remettaient du rouge à lèvres dans la grand-rue qui menait à l'épicerie, elles passaient leurs mains dans leurs cheveux, et parlaient d'une voix suave au père de Franco, un petit être trapu dont les joues molles, et l'absence d'éclat nous fascinaient – comment un tel individu avait-il pu engendrer si splendide progéniture ? On sentait qu'elles ne s'adressaient pas au petit homme qui tapait énergiquement sur sa caisse enregistreuse, sous leurs paupières poudrées, elles jetaient des regards furtifs sur le côté. Leur pépiement d'oiseaux élégants était un chant à l'attention de ce garçon à peine plus âgé que leurs fils qui rangeait leurs commissions dans des sacs en papier. Édouard de Montaigne, à qui il fallait toujours payer des Ovomaltine, n'ayant jamais eu droit au moindre argent de poche, racontait avoir vu sa mère glisser un billet de vingt francs suisses dans la poche arrière du jean de Franco, avec un rire effronté. « Vingt francs, merde ! » marmonnait-il en secouant la tête.

Franco Rossetti ne semblait pas se rendre compte qu'il était différent, que nous dormions comme des fillettes, blottis sous des duvets de plumes, alors qu'il se levait à 5 heures du matin pour les livraisons. Il conduisait la camionnette paternelle depuis ses treize ans, et personne ne s'en émouvait, comme s'il était un être à part, que les lois des hommes ne concernaient pas. Il avait une sorte de grâce désinvolte, une élégance sauvage, et nous l'aimions tous. En réalité, nous voulions être Franco Rossetti. Alors que nous fixions avec une fascination inquiète les auréoles de sueur qui maculaient son torse, il nous souriait, ou nous adressait un clin d'œil. Nous lui étions reconnaissants de prétendre que nous étions de son espèce.

Des années plus tard, alors que les champignons hallucinogènes auraient mangé une partie de son cerveau, qu'il porterait des bracelets de turquoise et des blousons à frange, nous continuerions à le regarder avec un mélange d'admiration et d'envie. Il dégageait des effluves animales, et parlait avec un accent valaisan qui étrangement n'entamait pas son charme. Malgré nos costumes sur mesure, nos cigarettes sans filtre, et les liasses de billets qui gonflaient les poches de nos pardessus, sa présence nous ramenait à la cruelle réalité : nous étions pour toujours des petits garçons.

Franco Rossetti se souvenait des trois C, à l'époque où elles n'étaient pas encore une bande. Dans la remise, où nous lui rendions visite après nos leçons de ski, il nous racontait les souvenirs de leurs vies d'avant.

Il connaissait Charlie (qui se prénommait encore Charlotte) et Chris (que seule sa mère appelait Christine) depuis toujours. Il avait du mal à retranscrire les détails, à se souvenir des dates, ce qui nous rendait nerveux, en particulier Serge Chubowska qui deviendrait ingénieur des Ponts et Chaussées, et recensait avec un soin monomaniaque les apparitions de Chris dans un grand cahier noir. Franco livrait la famille de Chris Breitman au Palma, une résidence luxueuse sur les hauts de Crans, adossée à la forêt, dont les appartements, modernes et identiques, appartenaient pour leur majorité à des Parisiens, fortunés, chics et juifs. Boria Tbilissi, le père de Charlie, juif de Vladivostok, avait fait construire un chalet à Bluche, village moins prisé, sur un terrain en pente, à quelques kilomètres du centre de soins où il avait été interné en 1942, après avoir traversé la frontière, les mains et les orteils gelés.

Franco détaillait les commandes avec une précision scientifique : la vodka, le houmous et les cubes de consommé Maggi des Tbilissi, le Bollinger (au moins dix bouteilles par semaine !) des Breitman, le fromage à fondue, les pains au lait, la viande séchée, le Cacolac (il semblait que Gilles, le frère de Charlie, en consommait une quantité affolante, à toute heure de la journée). Quand il ne s'agissait pas de produits de consommation, sa mémoire semblait se ramollir, comme si son activité cérébrale était circonscrite aux fonctions d'une caisse enregistreuse. Charlie et Chris n'étaient pour lui que des petites filles brunes et timides, des silhouettes floues, contrairement à celles de leurs frères, qui lui pétrissaient l'épaule, ou lui serraient la main, dans des costumes en tweed exotiques. Mais on sentait bien que ses vrais interlocuteurs, ceux à qui il s'adressait avec le naturel et l'assurance qui le caractérisaient depuis qu'il avait découvert le monde du commerce, soit avant de savoir écrire, c'étaient les parents. Boria et Salomé Tbilissi, Maurice et Mara Breitman, qui l'embrassaient, lui glissaient des pièces de cinq francs suisses dans la poche de son anorak, et l'envisageaient avec la déférence que l'on réserve aux hommes libres.

Il évoqua – cela provoqua en nous quelques émois – les serviettes hygiéniques Vania dont les quantités augmentèrent dans la famille Tbilissi de façon notable aux alentours de 1962 (ou 63 ? ou 65 ?), article qui ne fut jamais mentionné par les Breitman sur aucune liste – mais peut-être les commandes passées exclusivement par téléphone par Maurice Breitman pouvaient-elles expliquer cette anomalie. Il y avait également le vernis amer qu'il avait fallu faire venir de Genève, destiné à Charlie qui se rongeait les ongles, ce qui insupportait Salomé Tbilissi, une Égyptienne à la chevelure lustrée. « Comme du poil de loutre », disait Franco, la voix rauque, comme s'il s'agissait d'une spécificité érotique, ce qui provoquait des décharges douloureuses dans nos bermudas.

« On dirait que cette enfant n'est pas nourrie, il faut qu'elle mange ses doigts », répétait Salomé Tbilissi, d'un ton irrité. Il était stupéfiant d'imaginer que Charlie puisse avoir la moindre compulsion. Nous avions à l'esprit ses ongles faits, d'un rose délicat, son sourire impénétrable et ses yeux qui ne cillaient jamais, comme si son cœur battait au rythme d'un temps géologique.

Fût-il possible qu'elle eût un système nerveux ? De sombres tourments ?

Patrick Saincère, qui était le plus costaud et le plus sanguin d'entre nous, se battant régulièrement au Club contre des Italiens ayant eu la faiblesse de sourire ou d'offrir un verre à sa petite amie, nous avouerait des années plus tard, le soir où fut prononcé son divorce, qu'il avait fait venir en secret, en plus des magazines érotiques auxquels il consacrait la totalité de ses économies, le fameux vernis amer de Genève. Franco le lui avait remis dans un sachet en papier kraft, avec la discrétion qui lui faisait office de code d'honneur, en y ajoutant une boîte de pralines. De retour chez lui, Patrick Saincère, qui pesait soixante kilos à onze ans, et jouait deuxième ligne centre au Rugby club de Neuilly, avait caressé le flacon minuscule de ses mains puissantes. Il avait délicatement dévissé le couvercle, et, saisi par les effluves qui évoquaient la pharmacie, ou la morgue, il avait senti la tête lui tourner, propulsé dans un monde clandestin.

Ce soir-là, à Paris, après avoir commandé des magnums de champagne, en tendant grossièrement des billets de cinq cents francs à des serveuses aux yeux vides, il nous confia, sa chemise sur mesure trempée de sueur, que, pendant toutes ces années, il n'avait pu se défaire de ses réminiscences. « Ce goût de métal, ou de maladie, ça ne vous quitte jamais. C'est là !, c'est là !, répétait-il en frappant son front du plat de la main. Je ne me souviens de rien, ma rencontre avec ma femme, notre mariage, nos vacances, nos week-ends, il ne reste rien. Mais cette odeur ! C'est comme un putain de fantôme. »

3.

Franco Rossetti se fichait de Chris et Charlie. Plus exactement, elles lui inspiraient cette tendresse mêlée d'indifférence que l'on ressent pour des petites sœurs, ces êtres si familiers qu'ils en deviennent sinon insignifiants, du moins dénués de mystère. Plus tard, quand elles seraient devenues ces beautés éblouissantes, et qu'elles se jetteraient à son cou, collant innocemment leurs seins contre son torse, il leur sourirait, magnanime, mais ce serait nous, les observateurs pétrifiés de la scène, qui ressentirions la douceur de la laine fine sur nos peaux – et nous devions fermer les yeux, tandis qu'un océan embrasé se déversait dans nos poumons.

Mais il y avait Claudia. Alors que Franco envisageait la vie avec un pragmatisme paisible, qu'il était toujours de bonne humeur et nous regardait sans comprendre quand nous l'interrogions comme des policiers fous au sujet de Chris et Charlie, Franco avait une faille secrète, une pointe froide dans le cœur : Claudia. Il est probable qu'il n'en fut jamais conscient, mais son corps envoyait des signaux de détresse en sa présence, il se mettait à frissonner, ou se tassait sur lui-même comme si une boule de neige l'avait percuté.

Franco se souvenait de la Maserati vert sombre qui s'était garée juste en face de l'épicerie, en décembre 62, dans un ronronnement prudent. Il faisait gris ce jour-là, et sur la neige boueuse, l'automobile semblait aussi incongrue qu'un paon dans un marécage. Alberta et Paolo Maggiore s'étaient glissés élégamment hors de l'habitacle. Il portait un costume clair, elle des escarpins et des émeraudes qui ne convenaient guère à l'altitude. Derrière eux se tenait un adolescent magnifique, grand, des cheveux bruns brillants coiffés sur le côté. Sa sœur, plus jeune, était étonnamment terne, comme une ombre dans la photographie. Elle portait une coupe au bol, un manteau col Claudine, et tordait la bouche, on aurait dit qu'elle avait mal au ventre ou s'apprêtait à pleurer. C'était Claudia. Il se souvenait qu'il avait ressenti comme une bouffée de chagrin, en remarquant les cernes qui affligeaient sa peau pâle et ses yeux éteints sous une frange d'un blond presque blanc. Alberta Maggiore était blonde, elle aussi, mais d'un blond de miel, elle était coiffée comme une vedette de cinéma, des boucles parfaites, ourlées, un travail de professionnel. Sa bouche sensuelle – la même que celle de son fils – maquillée d'un rouge féroce donnait l'impression qu'elle ne menait pas une vie convenable, comme si elle posait pour des photos sexy, ou qu'elle travaillait dans un casino.

Nos mères éprouvaient des sentiments ambivalents pour Alberta Maggiore. Quand elles la croisaient dans la grand-rue, ou dans le passage marchand de Montana, sculpturale dans ses manteaux en alpaga coupés à Milan, elles la saluaient avec une amabilité doucereuse. Elles s'arrêtaient pour lui parler – ce qu'elles ne faisaient jamais avec quiconque qui ne fût pas une de leurs amies parisiennes, une de ces femmes qui leur faisaient face comme des répliques troublantes, chignons, talons moyens, pâleur poudrée. Elles la complimentaient sur sa bonne mine, sa coiffure, tandis que leur œil imprimait les moindres détails comme une rétine photographique qui fixait le réel et le rangeait dans un album au fond de leur cerveau. Son bronzage, ses émeraudes scintillantes, assorties à ses yeux – « des yeux d'un vert de serpent », avait dit la mère d'Édouard de Montaigne –, ses chapeaux, ses gants de cuir, ses lèvres charnues, le contraste saisissant entre l'élégance rigoureuse de sa tenue et la lascivité de son anatomie.

Il circulait des informations fascinantes et contradictoires sur Alberta Maggiore. Nous entendions nos mères – jamais nos pères – en parler, au téléphone, ou autour d'une tasse de chocolat, assises au salon, les jambes délicatement croisées, sous des têtes de chamois fixées aux murs comme des faunes pétrifiés. Elles fumaient, et chuchotaient, le cou tendu.

Elle avait travaillé pendant la guerre comme traductrice pour les Allemands à Colorno, dans le nord de l'Italie dans un château réquisitionné par la Wehrmacht. Elle avait appartenu à un Groupe d'Action patriotique antifasciste et participé à Milan à des opérations de guérilla, carabine au poing. On l'avait entendue parler allemand avec M. Baumgartner, le garagiste de Sierre. Elle avait travaillé comme entraîneuse à Mar del Plata, à Buenos Aires, où elle avait émigré en 1945. Elle vendait des diamants, que taillait son mari et dont personne ne connaissait l'origine. La ferme de ses parents avait été brûlée par les partisans après la guerre. Elle avait été la maîtresse de Mussolini. Elle avait joué dans un film à Hollywood. Elle avait travaillé pour les services secrets américains.

Il était stupéfiant de surprendre ces conversations, la voix vibrante d'excitation de nos mères, ces êtres raffinés dénués d'ordinaire de la moindre émotion. Mais surtout il était question d'une époque que personne n'évoquait jamais, comme si elle avait été recouverte d'un épais manteau de neige.

Nous savions que Domino Sontag, une beauté blonde aux jambes fines comme celles d'un oiseau, qui traînait au Club, avait été adoptée parce que ses parents étaient morts en déportation. Nous savions que Salomon Weber portait un revolver contre son cœur, de jour comme de nuit. Nous savions que nos parents avaient vécu *des choses.* Il y avait des oncles, des tantes, des grands-parents, des amis de la famille, que nous n'avions jamais connus, et dont personne ne parlait jamais. Il y avait des photos dans nos bibliothèques, ou rangées dans des portefeuilles, des jeunes gens souriants, des femmes aux cheveux gaufrés, des couples de jeunes mariés, dont nous ne savions rien sans même nous en apercevoir – ils étaient là, exposés dans des cadres ouvragés, images familières, décoratives, comme les services en porcelaine ou les collections de canards en bois sculptés. Nous sentions quelquefois dans le regard de nos parents un voile, comme une image latente, filtré par l'écran d'un songe. Mais aucun d'entre nous n'aurait jamais osé en parler. Et puis, nous n'y pensions pas. Nous savions que la majorité d'entre nous étaient juifs, mais cela ne signifiait rien, ou alors une vague réalité folklorique. Nous ne mangions pas kasher, nous n'allions pas à la synagogue, et nous envisagions le sort d'Ariel Kattan, qui faisait shabbat et avait l'interdiction de skier le samedi, avec désolation, comme s'il s'agissait d'une incompréhensible punition.

Franco n'aimait pas Alberta, ses seins comme des ballons en caoutchouc, ses manières de snobinarde, ses yeux « cruels » – aucun d'entre nous n'avait jamais vu la moindre cruauté dans ses yeux, mais il est vrai que nous la regardions peu dans les yeux. Lui, si doux, si compréhensif, qui connaissait les faiblesses des femmes : Mme Lambert, qui le recevait la chemise déboutonnée jusqu'au nombril ; Jacky Barras qui puait le gin avant midi ; Mlle Haas, une octogénaire au long cou qu'il avait surprise la main dans le pantalon de son homme de ménage. Tous ces souvenirs, il nous les confia, des années plus tard, avec une tendresse affligée dans la voix, mais peut-être était-il juste défoncé, comme il l'était alors presque en permanence, ce qui lui donnait étrangement une sorte de sagesse mélancolique.

Franco regardait Claudia, et son cœur se contractait, comme un oiseau dans un poing. Était-ce ses cheveux mal coupés, son visage constellé de taches de rousseur pâles, presque grises, ses gants de laine qu'elle tirait nerveusement ? Elle était alors, paraît-il, d'une extrême timidité, ce qu'il était presque impossible à imaginer : elle était pour nous l'Italienne qui portait les shorts les plus courts que nous ayons jamais vus (Anna Saincère prétendait qu'elle les raccourcissait elle-même avec des ciseaux à ongles).

À cette époque, ils étaient l'un et l'autre comme une anomalie dans leur famille respective. Franco, avec ses boucles châtains, son corps sinueux, et son aisance naturelle, semblait fait pour mener une existence oisive quelque part au Brésil, ou en Californie, sa peau luisante de crème solaire au bord d'une piscine en ogive. Claudia, elle, ressemblait à un spectre, avec sa peau translucide sous laquelle on voyait battre son cœur, ses robes et ses manteaux immaculés, comme si elle s'apprêtait perpétuellement à faire sa première communion. On aurait dit l'incarnation physique des fautes d'une famille trop clinquante pour être honnête. « Elle souffrait, *ça se voyait*, nous expliqua Franco, les yeux brillants d'émotion, ou de rage, et eux, ils ne faisaient *rien. Rien du tout.* J'avais envie de les tuer. *J'aurais pu les tuer.* »

Quand nous rentrâmes chez nous ce soir-là, le crissement de nos pas élastiques sur la neige, les sapins couverts de givre et le froid qui engourdissait nos doigts semblèrent soudain menaçants, comme si nous marchions dans un territoire doux et traître, où l'hiver vous enrobe et vous gèle le cœur.

4.

Nous n'aimions pas les Italiens. Ils étaient arrogants, portaient des chemises en coton égyptien, et se déplaçaient en bande. Ils étaient d'une élégance insupportable, raffinés comme par mégarde. On aurait dit qu'ils se moquaient de tout – leurs cheveux étaient en bataille, leurs pantalons chiffonnés – mais rien ne pouvait altérer leur allure. Ils portaient des bracelets tressés en peau d'éléphant, ce qui nous semblait ridicule, et dépensaient sans compter, comme si l'argent n'avait pas d'importance. « Ils sont tellement *vulgaires* », répétait Max Mollanger, en reniflant avec mépris, mais il était évident que Max Mollanger, qui ressemblait à un vieux petit garçon avec ses pulls jacquard et ses grosses lunettes, aurait rêvé de porter un bracelet en cuir et une chemise froissée. Aux Quatre cents coups, où les Milanais avaient leurs habitudes, il tournait la tête sans cesse pour surveiller leurs faits et gestes, leur façon de danser, nonchalante, absurde, leur tabagisme insensé – ils rangeaient leurs cigarettes dans des étuis plats, comme des filles – et il semblait si désemparé, si indigné que nous le regardions avec peine. Nous ne l'avions jamais apprécié. Mais sa fascination morbide pour les Italiens acheva de nous convaincre que c'était un pauvre type.

En réalité, Max Mollanger exprimait de façon désinhibée – indécente, insupportable – ce que nous ressentions tous, au plus profond de nous : une jalousie féroce, qui s'ajoutait au vertige de notre faiblesse. À Paris, dans les fêtes, les clubs de sport, les cafés, nous étions enviés, regardés, craints parfois. Nous marchions dans les couloirs de nos écoles huppées, en ricanant, et nous choisissions nos interlocuteurs avec un discernement blasé. Nos professeurs s'adressaient à nous avec une autorité prudente. Les domestiques qui vivaient dans des chambres de bonnes au-dessus de nos appartements de trois cents mètres carrés nous appelaient « monsieur ». Nous étions servis à table. Nous savions que nous avions une sorte de pouvoir, et même si, la nuit, dans nos lits, nous avions envie de pleurer, sans comprendre vraiment pourquoi, ou de frapper les murs et que la rage, comme une montée de lave mêlée à une sensation de chute, nous brûlait l'estomac, nous étions en sécurité. Mais avec les Italiens, le sol devenait friable. Dans leur monde, nous n'existions pas. Ils ne faisaient aucun effort pour parler français. Ils ne faisaient aucun effort tout court. La vie glissait sur leur peau comme un ruisseau frais. Quand nous avions appris que Luigi Lorenzi, un grand blond que l'on voyait au Club, avec des lunettes fumées et un sourire insolent qui aimantait nos sœurs, s'était jeté par la fenêtre, un soir de novembre, du huitième étage de l'immeuble familial milanais, nous avions été stupéfaits. On disait qu'il avait pris tellement de drogue qu'il avait plongé, enivré par la douceur de l'automne, après avoir fait une remarque sur la beauté de la nuit. C'était impossible d'y croire vraiment : à Noël, les Italiens étaient toujours là, aussi flamboyants et insouciants que d'ordinaire, et hormis l'absence de Luigi Lorenzi, tout se passa exactement comme les autres années. Quelques filles essayèrent bien d'obtenir des informations, en s'approchant timidement d'une table où les Milanais avaient leurs habitudes mais elles ne réussirent jamais à terminer leur phrase, pétrifiées par ces regards effrontés tournés soudain vers elles, ces « *Ciao ragazze* » amusés, qui les transformèrent aussitôt en figurantes empourprées. Victoire Abard de Mougins, qui était célèbre pour avoir couché avec Eddie Constantine, tenta devant les toilettes des hommes d'adresser la parole à un brun ombrageux de Bergame, mais il fit signe qu'il n'entendait pas en tapotant son oreille, avant de disparaître dans la nuit enfumée. Elle prétendrait plus tard qu'il l'avait embrassée un soir dans la rue, près du cinéma, et qu'il la poursuivait en l'appelant tous les jours, mais en sa présence, il semblait indifférent, ne croisant pas son regard, ou alors jetant un regard distrait à ses fesses, mais comme par réflexe.

Franco Rossetti était considéré par les Italiens comme un des leurs. Ils semblaient heureux de le voir, quand il entrait au Club, avec son vieux tee-shirt et ses jeans moulants, les yeux creusés par la fatigue. En les apercevant, il les saluait de son clin d'œil typique – exactement celui qu'il nous adressait, à nous –, et eux se levaient à son arrivée, comme devant un hôte à qui l'on doit une considération particulière. Ils lui tapaient dans le dos, plaisantaient en italien, et Franco riait, de bon cœur, sans manifester la moindre nervosité, ou fierté. Nous réalisâmes un jour avec effarement que

Franco parlait italien, sans rouler les r, comme les Milanais les plus snobs. Même Roberto Alazraki, le seul rital que nous ayons jamais accepté dans notre groupe, sans doute parce qu'il vivait à Tripoli et souffrait d'embonpoint, l'ignorait. Mais Franco ne s'asseyait jamais à leur table. Il s'asseyait avec nous, et nous étions soulagés et furieux à la fois.

Franco cultivait une sorte d'amitié secrète pour Giovanni Maggiore, le frère de Claudia. Il n'en parlait pas, mais sans volonté de dissimulation, juste parce que cela ne semblait pas plus important que le reste. C'est Daniel Vidal qui nous informa de ce lien mystérieux, qu'il avait découvert en lisant le journal intime de sa sœur Anouk, caché dans son tiroir à collants. Il nous expliqua qu'il avait pris l'habitude de le lire pour essayer de « comprendre ce que les filles ont dans la tête ». « Je ne sais pas si c'est ma sœur qui est bizarre ou folle, mais si elles marchent toutes comme ça, franchement ça fout les jetons. » Anouk écrivait apparemment des poèmes où il était question aussi bien de baleines, d'écureuils que « d'asphyxie de l'âme » et « d'amour qui vous vide de votre sang ». Elle pratiquait des auto-interviews (« quelle est ta couleur préférée, Anouk ? Comment définirais-tu ton style ? D'après toi, les garçons te trouvent-ils jolie ? » question à laquelle elle avait répondu, au stylo rouge et en lettres capitales : « mon nez est ma croix »). Mais ce qui stupéfia Daniel fut la découverte de pages entières consacrées à Giovanni (même parfois simplement son prénom écrit à l'infini, comme une incantation vaudoue), et la description de toutes leurs entrevues (qui se résumaient en général à une interaction fugace : « Il m'a souri devant les télécabines, même Anna s'en est aperçue »).

Entre les pages était glissé un tirage professionnel (Barras Photographe était imprimé le long du cadre blanc), un cliché, en noir et blanc, pris en haut des pistes, de Giovanni et Franco (*Franco skiait ? Mais comment ? quand ?*), chacun un bras passé autour de l'épaule de l'autre, Giovanni secouant triomphalement un bâton dans les airs, Franco, pull noué autour de la taille. Ils souriaient, et leurs silhouettes sombres, incroyablement sexy, se détachaient sur le fond du Cervin, et la neige qui réfléchissait la lumière, et maculait leurs chaussures de ski, le bas de leurs fuseaux, était presque phosphorescente. On aurait dit que le monde leur appartenait. Daniel Vidal avait ressenti une douleur dans la poitrine, comme si on l'avait frappé. Il avait, nous dit-il, jeté sa montre contre le mur, et cela voulait tout dire, sa Rolex étant alors son plus grand amour, il la porterait d'ailleurs toute sa vie, comme une relique mélancolique du temps où il voulait croire au pouvoir de séduction des accessoires.

Franco éclata de rire, quand Daniel lui demanda des comptes, un soir au Club, d'une voix qui se voulait neutre, mais qui nous mit mal à l'aise. Daniel Vidal débordait quelquefois. Il aimait lancer des pétards dans les jambes des couples qui dansaient des slows au Sporting, à 5 heures, ce qui nous exaspérait. Nous pardonnions à Daniel ces excès, ils nous permettaient de fendre quelque chose en nous – notre pudeur, notre docilité, notre lâcheté ? Ivre, le cou empourpré, les cheveux lustrés par la sueur, Daniel s'était penché vers Franco et lui avait lancé avec une espèce de distance amère : « Tu skies maintenant ? »

Aucun de nous, ce soir-là, et nous étions au moins six, ou même sept, autour de cette table, suspendus à cet échange qui dérapait, ne prononça le moindre mot. Daniel Vidal se tenait très droit, les yeux brillants et, soudain, il ressemblait à nos pères. Patrick Saincère vida son verre de whisky, tandis que Serge Chubowska quitta la table, en ajustant son nœud papillon, et rentra chez lui en oubliant son duffle-coat au vestiaire.

Franco avait eu ce rire délicat, même pas moqueur, comme s'il ne comprenait pas. Des années plus tard, Daniel Vidal nous relaterait la scène à maintes reprises – il avait oublié que nous étions là. Il racontait que Franco s'était levé, lui avait passé un bras autour de la taille, et avait chuchoté, tout près de son oreille : *Je t'aime, Daniel.*

C'est ainsi que Giovanni Maggiore entra dans nos vies, avant sa sœur Claudia, dont nous ignorions alors l'existence – comment imaginer aujourd'hui une telle aberration ? Qu'étions-nous, alors, sinon de pauvres animaux aveugles ?

Franco avait déclaré qu'il voyait Giovanni Maggiore de temps à autres, « il faut un peu le surveiller », et ce fut tout, et personne ne posa de question, pas même Serge Chubowska. Franco alluma une cigarette, et nous fûmes saisis, et honteux, par l'élégance d'un homme qui avait des secrets, et savait les garder. C'était le cas avec les filles qui lui couraient après (et il y en avait beaucoup, elles glissaient des mots froissés dans son anorak, venaient à l'épicerie, posant leurs seins sur le comptoir, penchées en avant, en tortillant leurs cheveux). Mais il ne s'en vantait jamais. Durant l'hiver 67, Nadine Chaumiens, la fille la plus spectaculaire et la plus terrifiante de Janson, était venue passer ses vacances à Crans-Montana, créant une agitation palpable chez les Parisiens, un affolement. Elle avait dragué Franco, il nous le raconta des années plus tard, et encore, c'était au détour d'une conversation, comme si cela n'avait aucune importance. Elle avait fait cette chose folle, intrépide, fabuleuse, elle l'avait invité à l'accompagner à Cinécrans voir *La Nuit de l'iguane* (ou *My fair Lady*, disaient certaines de nos sœurs, mais quoi qu'il en fût, il avait refusé – tous les témoignages concordaient – en s'excusant, il avait trop de travail, c'était *la haute saison*).

Cet hiver-là, nous nous mîmes à observer Giovanni Maggiore *(il faut un peu le surveiller,* cette sentence énigmatique continuait de résonner, nous ne pouvions y échapper). Même si aucun de nous ne lui avait jamais adressé la parole, et que nous le croisions peu, il faisait désormais partie de notre vie, de notre vie imaginaire du moins. Quand il entrait au Sporting, ou à la crêperie, nous ressentions un frisson, et nous échangions des regards entendus, nous nous tassions sur nous-mêmes, comme pour dissimuler notre présence, mais Giovanni Maggiore ne nous prêtait pas la moindre attention. Telle était la cruelle réalité : ce n'est même pas qu'il ne nous regardait pas ou nous méprisait. Tout simplement, il ne nous voyait pas.

Il était incroyablement beau, avec ses cheveux coiffés sur le côté, ses yeux fendus, verts, comme ceux de sa mère, sa bouche charnue. Il dégageait un mélange de bonne éducation et de désinvolture sexy. Il était souvent entouré de filles, Milanaises bien habillées, sages, en blouson de lapin, comme des groupies qui trottinaient derrière lui, appliquées à suivre le rythme de ses grandes foulées décontractées, riant à ses blagues, les yeux luisant de plaisir. Il semblait extrêmement joyeux, presque enfantin, et même lorsqu'il était seul au bar du Sporting, où il commandait des Vodka Martini (« comme James Bond », avait noté Serge Chubowska, avec un certain respect), il semblait s'amuser. Même Andreas, le barman zurichois, qui ne parlait jamais à personne, jonglant avec ses shakers la figure concentrée – « sinistre » disait Roberto Alazraki – ne pouvait s'empêcher de sourire et de suspendre son geste quand Giovanni lançait des olives en l'air, d'une main précise, gracieuse, pour les faire atterrir dans sa gorge.

Mais nous oubliâmes bientôt la phrase de Franco. L'avait-il même jamais prononcée ? Nous étions si tordus, si tourmentés, quelquefois. Nous avions nos cours de ski, nos parties de bowling, nos mères qui recevaient la famille, nos pères qui participaient à des tournois de curling (certains portaient des bérets tricotés, ce qui nous stupéfiait), et la douceur de cet hiver-là, le soleil éclatant sur les Alpes, le lac transparent réfléchissant la lumière comme une carte postale romantique, achevaient de nous maintenir dans une onctuosité trompeuse, comme si la pureté du ciel reflétait le calme de nos vies.

5.

L'année où les Maggiore ne vinrent pas à Crans (pas à Noël, ni à Pâques, ni l'été suivant), des bruits coururent dans la station, essentiellement relayés par nos mères. Les volets bleus de leur petit chalet à Montana, au milieu d'une clairière tapissée de marguerites, restèrent clos. Durant l'été, les buissons prirent un aspect inquiétant, leurs griffes grimpant sur la façade, tandis que des herbes folles émergeaient de-ci de-là, comme des geysers ébouriffés. Christian Grange, dont la famille louait un trois-pièces dans un immeuble qui surplombait le chalet, affirma qu'il avait entendu des bruits suspects, plusieurs nuits de suite, comme si « quelqu'un était enfermé à l'intérieur, et grattait la porte avec ses ongles ». Mais Christian Grange n'était pas un interlocuteur fiable, il était agité de tics, et affichait des plaques d'eczéma qui creusaient des crevasses entre ses doigts. Nous le soupçonnions de prendre en cachette les cachets de sa mère, une femme réservée dont le mari était mort d'une rupture d'anévrisme, et qui, quelquefois, se mettait à parler avec agitation, s'adressant soudain à nos pères avec une voix aiguë, proche, beaucoup trop proche de leur bouche – nos mères ne prenaient même plus la peine de lui rendre ses invitations.

On disait qu'Alberta Maggiore était malade, elle avait la tuberculose, ou même une maladie honteuse, et nos mères hochaient la tête, les lèvres pincées, une lueur trouble dans les yeux, mais quelquefois c'était le fils d'Alberta qui était atteint d'une hépatite, et elles semblaient affectées (« ce beau garçon, si vivant ! »). Il était étrange d'entendre ainsi parler de santé, et d'affections évoquant des rapprochements corporels dont nos mères semblaient incapables, de jolies fleurs dans des vases en porcelaine, qui n'étaient jamais enrhumées, ne transpiraient pas, et semblaient faites d'un marbre parfaitement hygiénique. Quelquefois, elles s'allongeaient l'après-midi, les jambes repliées sous leurs jupes, leurs escarpins délicatement posés sur la moquette, au pied du lit, dans une symétrie parfaite. Elles étaient souvent épuisées, il y avait comme une nervosité qui se dégageait de leur silhouette de statue. Et même si nous avions presque tous des femmes de ménage, des gouvernantes, des cuisinières (des êtres *vivants*, et nous les aimions pour cela, bien que nous n'ayons jamais songé à le leur dire), nos mères passaient et repassaient derrière elles, inspectant la netteté des vitres, déplaçant un coussin, envisageant leur intérieur comme s'il réfléchissait la propreté de leur âme.

De notre côté, nous avions la sensation d'être des bêtes déguisées sous nos cols roulés en polyester, surtout lorsque nous sentions monter cette douleur dans le bas-ventre, ce sang qui bouillonnait dans nos pantalons de ski, boursouflés, et qu'il fallait soulager, grimaçant, dans des salles de bains où trônaient des serviettes brodées. Nous devions vivre avec cette sauvagerie, cette honte, dont nous ne parlions jamais, pas même entre nous. Étrangement, c'est à Crans-Montana où la douleur était la plus vive, comme si le vent, la neige, électrique, scintillante, l'hiver, l'herbe à perte de vue, ce parfum de nature mouillée, les ruisseaux glacés, l'été, réveillaient un animal endormi au fond de nous qui gonflait, gonflait, hérissant son poil épais, doux, dangereux.

Nous ne sûmes jamais si Franco Rossetti avait été affecté par l'absence des Maggiore, ou même s'il l'avait remarquée. Mais il nous raconta leur retour, l'année suivante – en 1967 ou peut-être 1968 –, dans la remise, avec une voix qui nous parut plus rauque que d'ordinaire (Patrick Saincère prétendrait qu'à ce moment-là ses mains tremblaient, « comme s'il avait froid »).

Pendant les vacances de Noël, sur la Grand-rue, alors qu'il marchait avec précaution sur le trottoir enneigé, lesté de deux grands sacs de provisions, Franco était tombé sur Giovanni Maggiore, tenant par le bras une jeune fille aux longs cheveux blonds, incroyablement blonds. Il se souvenait qu'ils riaient, et portaient chacun un manteau de fourrure – lui marron foncé, elle gris clair –, ce qui leur donnait l'air d'un couple excentrique, on aurait dit des vedettes de cinéma ayant adapté leur garde-robe à des régions polaires, comme pour une tournée promotionnelle en Alaska. Giovanni embrassa Franco, avec son naturel charmant, comme si le temps n'avait pas passé, comme si l'on n'avait pas aperçu des renards dans les ronces devant leur chalet.

Franco ne réussit pas à fixer son attention, les mots ne parvenaient pas à ses oreilles. Il y avait la jeune fille, ses longs cheveux blonds, retenus par une barrette, qui se déployaient comme un rideau de lumière. Il eut l'impression que le sol dérivait, et qu'il tentait de garder l'équilibre sur un étang gelé dont la surface menaçait de céder.

« Tu te souviens de ma sœur Claudia ? » lança Giovanni, tandis qu'elle secouait ses cheveux – *ces cheveux ! Je n'avais jamais vu ça de ma vie ! On aurait dit qu'ils étaient illuminés de l'intérieur !* Franco tordait la bouche, comme s'il revivait la scène, qu'elle était projetée à l'intérieur de lui, un film en super8 sur un drap tendu. Serge Chubowska prenait alors un air douloureux, sans doute parce qu'il était le plus proche de Franco, et que l'émotivité le mettait mal à l'aise.

Claudia avait ri, en comprenant que Franco ne l'avait pas reconnue, percevant peut-être son trouble. (*Elle a rigolé, de Dieu, ça la faisait rire*, avait-il dit avec un accent suisse appuyé). Elle l'avait regardé, par en dessous, bien élevée, flirteuse, et hormis les ombres grises sous ses yeux maquillés de noir, rien, absolument rien, n'évoquait l'enfant triste de son souvenir. C'était comme un mauvais film dont on avait remplacé l'actrice principale, le petit fantôme était reparti dans les limbes, elle errait dans le vent, dispersée en flocons et à sa place, il y avait cette stupéfiante beauté, forcément corrompue.

Franco avait l'air bouleversé, ce qui était déstabilisant, son tee-shirt semblait trempé de sueur, comme si son corps s'était mis à dégager un puissant champ magnétique, et ses yeux regardaient au-delà de nous. Sans doute Patrick Saincère avait-il tapé dans le dos de Franco, et Daniel Vidal allumé une cigarette, entre le pouce et l'index, il avait l'air de penser que cela lui donnait l'air dangereux. Sans doute Serge Chubowska avait-il lissé sa chemise, ou dénoué sa cravate, comme s'il manquait d'air, et Roberto Alazraki avait-il reniflé, son nouveau nez paraissant trop étroit pour charrier l'oxygène nécessaire. Nous étions abattus, et en colère. Dans cette remise fraîche et réconfortante avec toutes ces victuailles qui donnaient la sensation de pouvoir traverser n'importe quel cataclysme, nous nous sentions trahis.

Que lui était-il arrivé ? Qu'avait-elle fait le temps de sa disparition, un temps que nous n'avions pas vu passer, nos vies se déroulant à la façon d'un robinet qui goutte ?

Apparemment, elle avait vécu. Il s'était passé *des choses,* des choses *insupportables,* qui avaient entraîné une accélération stupéfiante de sa croissance – ses jambes, ses seins, ses hanches, sa chevelure ! Il semblait qu'on nous avait endormis, nous avions été saisis par une torpeur maléfique. Et, pendant ce temps-là, la nature avait tout envahi et fait surgir une féminité puissante, humide, qui irradiait et couvrait le monde de buée comme dans un aquarium.

Et ainsi s'ouvrit l'ère des trois C.

6.

Après la rencontre de Franco Rossetti avec la nouvelle Claudia, et ses incroyables cheveux, clignotant comme un néon dans la nuit, les trois C se mirent à apparaître n'importe où, à n'importe quel moment. Sur les pistes de ski, dans la rue, à la patinoire. À la crêperie, à la boulangerie, au bowling. À la piscine, au Sporting, au Club, aux Quatre cents coups. Toujours toutes les trois, habillées à peu près de la même façon, comme si leurs tenues étaient synchronisées à leurs activités, et que tout cela avait été planifié, avec rigueur et naturel à la fois, ce qui achevait de nous ensorceler.

Elles étaient toutes les trois spectaculaires. Claudia, avec ses cheveux blonds, et ses yeux mélancoliques toujours maquillés de noir, et ses mini shorts. Chris, brunette, bouclée, au visage adorable, avec son nez retroussé et ses éclats de rire, ravis, provocants, comme si la vie n'était qu'une plaisanterie. Charlie, avec son flegme, ses longs cheveux noirs – les plus longs que nous ayons jamais vus –, qui se balançaient sur ses hanches comme un rideau de soie, sa poitrine d'oiseau et ses pantalons de garçon.

Elles surgissaient et le ciel devenait acier, l'air brûlant, la neige réfléchissait une lumière aveuglante. Tout devenait net : la ligne de l'horizon ; les cols enneigés ; les prairies fluorescentes. Les éléments nous engloutissaient, et prenaient vie, comme des poissons au fond d'un lac.

On était assis sur un télésiège, et tout à coup, elles filaient au-dessous, petites silhouettes grises et noires. Elles skiaient assez mal, dévalant les pistes en riant, chasse-neige, bâtons qui balayaient l'air, et leur maladresse n'ôtait rien à leur allure. Il y en avait toujours une qui portait une chapka au poil soyeux – qu'on aurait rêvé de caresser, il semblait doux comme le ventre d'un chaton – ou des gants de cuir rouge, ou une écharpe rayée de toutes les couleurs. Elles se coiffaient de la même façon, des tresses, des queues de cheval, comme des sœurs, ou des écolières, ou les cheveux lâchés, battant leurs épaules au rythme des virages – pour nous torturer ?

Au printemps, on passait près du golf, et elles étaient là, Chris lançant des balles n'importe où, sautillante, Claudia et Charlie sur ses pas, traînant leur caddie, en pantalons à carreaux et polos de couleur vive. Charlie rêveuse, avec son port de tête et ses cheveux de princesse asiatique, et Claudia qui fumait des cigarettes sur le green, avec de grands gestes voluptueux. Sur le parcours, elles s'arrêtaient sans cesse, comme si elles avaient des choses folles à se raconter, et l'on voyait, de loin, leurs bras s'agiter.

L'été était certainement la saison la plus douloureuse. On croisait les filles en shorts et chaussures de montagne, portant des sacs à dos et Charlie une guitare en bandoulière, les joues rouges comme des pommes, sur les sentiers de randonnée. Nous avions horreur des pique-niques en altitude – surtout Serge Chubowska, qui refusait de quitter ses derbies en peau –, mais il fallait, à un moment ou un autre, suivre nos pères dans la montagne, nos pères qui s'habillaient de façon obscène, en bermudas, de grandes chaussettes recouvrant leurs mollets imberbes. Ils ressemblaient à une troupe de vieux petits garçons, même s'ils buvaient du gin, et finissaient en général la journée ivres, en racontant des plaisanteries douteuses. Alors qu'il fallait rire à leurs blagues, comme s'il s'agissait d'un rituel d'initiation pour faire de nous des hommes, nous ne pensions qu'à la possibilité de croiser les trois C, à leurs peaux élastiques, à la nôtre, ridiculement pâle. Tandis que nos mères restaient sur les terrasses d'altitude, allongées sur des transats, leurs yeux dissimulés par d'immenses lunettes de soleil, comme sur le pont d'un paquebot, nous traînions derrière nos pères, abattus, en jetant des regards inquiets dans le lointain.

On les voyait évidemment à la piscine, Claudia dont la peau laiteuse rosissait, même à l'ombre, révélant une constellation de taches de rousseur, Charlie – toujours dans le même maillot de bain à motifs africains –, dont les bras et les cuisses étaient recouverts d'un duvet troublant, tandis que Chris – modèle une pièce noir passant autour du cou – s'extrayait de l'eau à la force des bras, les cheveux plaqués et les lèvres écarlates. Nos sœurs prétendaient qu'elle avait fait venir du rouge à lèvres waterproof de Californie, information qui nous fut livrée avec un mélange de dédain et de convoitise.

Elles s'asseyaient dans l'herbe humide, sur des tissus indiens – même leurs tissus étaient inouïs, aucun d'entre nous n'en avait jamais vu de semblable – et elles buvaient du Fanta en bouteille, à la paille, leurs peaux se détachant avec violence dans le bleu de l'été. Charlie jouait de la guitare, posée sur sa peau – cette guitare, si large sur son torse, recouvert de deux triangles de tissu minuscules, nous semblait obscène –, Chris se promenait sur le gazon, cambrée, très lentement, elle caressait l'herbe avec ses orteils, comme si elle avait aperçu une coccinelle, ou un trèfle à quatre feuilles, et Claudia, alanguie sur un transat, jouait avec les breloques de sa longue chaîne en or, un œil, un crâne, un médaillon où était inscrit *ti amo* qui scintillaient au soleil et lançaient des éclats, et il fallait fermer les yeux, ou détourner le regard, et se concentrer pour rester dignes dans nos maillots de bain, et pour supporter la brûlure sur nos rétines.

Bien entendu, il y avait quelquefois des interactions. Les plus courageux d'entre nous – comme Patrick Saincère, avec ses slips de bain qui moulaient un sexe étonnamment petit, mais peut-être était-ce pour cette raison qu'il se battait sans cesse, ou Daniel Vidal, qui avait une « réputation à entretenir » – s'approchaient du carré de tissu indien, cette île paradisiaque qui flottait sur une mer végétale, et debout, les mains sur les hanches, s'adressaient aux trois C pour leur emprunter un briquet, ou leur demander si « tout se passait bien ». Nous regardions la scène de loin, allumant une cigarette, l'air de rien, derrière nos lunettes Ray Ban, nous ne respirions plus, nos mâchoires étaient serrées, nous faisions craquer nos mains, nous arrachions machinalement l'herbe sous nos doigts, enfin quelque chose, pour supporter la lenteur de l'instant, cette approche qui semblait n'en plus finir, alors que l'un des nôtres s'apprêtait à passer de l'autre côté, à crever le voile qui nous séparait du réel – ou peut-être était-ce d'un rêve ? –, en tout cas à quitter une dimension pour pénétrer dans une autre.

Ils marchaient – Daniel en passant sa main dans ses cheveux pour les ramener vers l'arrière, Patrick, les poings serrés, comme avant un combat – et toutes les trois levaient les yeux, tendaient le cou, mâchouillant une paille, battant des cils, une main sur le front pour se protéger du soleil, charmantes, souriantes, à moitié nues.

Mais rien ne se passait jamais. Absolument rien.

Lorsqu'ils revenaient vers notre groupe, le pas assuré, nous adressant des clins d'œil, il y avait un instant suspendu, comme une virgule dans nos souffles figés. Soudain, sous ce ciel immense qui évoquait la soif, ou un précipice, nous pouvions croire que nos vies allaient enfin commencer. Et puis, ils s'asseyaient en tailleur, remontaient leurs lunettes de soleil, et s'embrouillaient dans un compte rendu sans queue ni tête dont il ne ressortait aucune information notable, encore moins de promesse – on aurait dit que leur cerveau avait été frappé par la chaleur du mois d'août, ils étaient comme ivres, décontenancés, ou qu'un sortilège avait brouillé leur esprit. Max Mollanger prétendait qu'elles n'en avaient rien à foutre, et il frémissait d'une joie mauvaise, dans son tee-shirt qu'il ne quittait jamais, même pour se baigner, afin de protéger sa peau réactive, et piétinait ses mules Gucci trop petites – le cadeau d'anniversaire de ses quinze ans, dont il était terriblement fier, et qui lui donnaient l'air d'un maître nageur efféminé.

Ces après-midi à la piscine, Chris emportait un transistor, Claudia montait le son quand passaient des chansons italiennes, ce qui nous semblaient être des messages, des appels secrets, qui flottaient dans l'air tandis que leurs yeux, cachés derrière des lunettes noires, nous regardaient peut-être. Des années plus tard, un soir, à la Rôtisserie de la Reine, Roberto Alazraki se lèverait subitement, déposant sa serviette sur la table, et entonnerait d'une étrange petite voix, un verre d'Armagnac à la main, *Non ho l'età*, chantée à l'époque par Gigliola Cinquetti, une brune à queue de cheval qui avait gagné l'Eurovision 64 et ressemblait un peu à Charlie. Les filles choisissaient cet air sur le jukebox du Sporting, plusieurs fois de suite, elles remuaient la tête, assises sur une banquette, épaule contre épaule, en chuchotant les paroles.

Non ho l'età, non ho l'età per amarti,
Non ho l'età per uscire sola con te,
se tu vorrai,
Se tu vorrai, aspettarmi.
Quel giorno avrai, tutto il mio amore per te,
Lascia che io viva un amore romantico,
Nell'attesa che venga quel giorno, ma ora no.

Elles n'en avaient pas rien à foutre. Elles formaient une entité souple, et complète, dans laquelle il était vain d'espérer pénétrer, comme une bulle élastique. Quand nous les croisions le soir, aux Quatre cents coups, ou au Club, elles étaient encore transformées, portant des tenues extraordinaires – Chris en robe à paillettes, Claudia les yeux plus noirs que jamais, sorte de Cléopâtre blonde, et Charlie en chemise d'homme, sa chevelure relevée en un chignon sophistiqué qui s'enroulait autour de son crâne comme une murène. Elles demeuraient entre elles, et si quelquefois l'un d'entre nous approchait le bar où elles étaient accoudées, proposait de leur offrir un verre, elles souriaient, les yeux écarquillés, et sans même savoir ce que nous faisions, on commandait des camparis orange en faisant signe au barman – Andreas, flegmatique, nous envisageait, et son dédain était palpable, comme un frémissement de la lèvre supérieure –, mais quand nous tournions la tête, elles avaient disparu, ou elles fendaient la foule en se tenant par la main, ou elles dansaient sur la piste.

Mais il y eut des signes, quelquefois. Un soir de février, à la sortie du Sporting, alors qu'il venait de perdre trois cents francs suisses en jouant à la boule et que la neige voletait dans la nuit, Patrick Saincère croisa Claudia, au bras de deux Italiens (il crut reconnaître Giovanni, mais les flocons qui balayaient ses yeux, la fulgurance de l'apparition, et une sorte d'inexplicable panique, ne lui permirent pas de nous l'assurer). Alors qu'il remontait le col de son pardessus, Claudia lui avait souri : *Buona notte*.

« Et elle m'a regardé, droit dans les yeux, vous savez, ce regard. Ce regard comme quand les filles veulent vous dire quelque chose… » Nous n'étions pas certains de savoir et nous préférions croire qu'il avait tout inventé. Nous étions jaloux, nous imaginions la scène comme l'une de ces féeries nordiques, les tourbillons de neige, l'obscurité comme un manteau, et Nott la déesse viking de la nuit, qui lui avait délivré un message, à lui, Patrick Saincère, qui aimait pisser dans des canettes de bière.

Un autre jour, c'était Édouard de Montaigne qui avait ramassé une moufle ayant glissé de la poche de Charlie, à la patinoire, une moufle mauve, en crochet, minuscule, taillée pour une main d'enfant, et il avait couru derrière elle, maladroit, avec ses patins, sur l'allée en caoutchouc qui menait aux vestiaires – nous nous souviendrions, des années plus tard, de l'écœurante odeur de cette allée, celle d'un pneu, ou d'une station à essence. Elle avait saisi la moufle, surprise, la regardant comme si elle ne l'avait jamais vue, et sans relever les yeux, elle l'avait glissée dans son anorak en prononçant ces mots insensés : « Merci Édouard. » Puis elle s'était retournée et avait pris ses bottes dans son casier. Édouard de Montaigne, qui était le plus romantique d'entre nous, et voyait des signes partout, probablement parce qu'il n'avait aucun accès à la vie matérielle, était convaincu que ce gant était l'expression d'une détresse, ou d'un appel au secours, et qu'un jour, il aurait à nouveau un accessoire à ramasser, une autre moufle, un stick hydratant pour les lèvres, un mouchoir brodé, et que cette fois-ci, ce serait lui qui l'appellerait par son prénom, et alors sa vie se mettrait en place, comme un alignement des astres. Cela n'arriva jamais, mais, au moins, Édouard de Montaigne était porté par l'espoir, il attendait.

Elles n'avaient pas de petits amis. Elles paraissaient se suffire à elles-mêmes, joyeuses et innocentes comme une peuplade de l'Amazonie. Il y avait bien la sœur de Charles Demaule, qui racontait avoir vu Chris embrasser un playboy grisonnant dans le parking de Chetzeron, un après-midi de juillet, alors qu'elle revenait de son cours de tennis (« il avait la main dans sa chemise, il la pelotait » avait-elle affirmé) mais nous savions qu'elle mentait. C'était une brune renfrognée aux dents de rongeur dont nous oubliions systématiquement le prénom – était-ce Caroline ? Céline ? Sandrine ? – et dont le seul plaisir notable consistait à démolir la réputation des filles de la station. Il y avait des rumeurs qui circulaient dans le village, et qu'elle racontait, encore et encore, d'un air assuré, ou contrit, en mordillant ses petites lèvres, avec des détails toujours plus précis. Eve Koutzevitch qui se faisait tripoter dans des voitures, devant le cinéma. Marina Koubi qui était partie à Lausanne, prétextant une visite à une cousine américaine, pour se rendre à la pharmacie Kunzt – Mme Kunzt était célèbre pour son sens du commerce et les diaphragmes qu'elle fournissait aux Parisiennes mineures, et qu'elle glissait dans un sachet en papier, avec un sourire distrait, comme des pastilles contre la toux, ou un dentifrice Signal. Carole Cachin qui sortait en secret avec Moïse Bellahoui (elle était catholique, et la famille Bellahoui n'aurait jamais consenti à une romance de cet ordre), et qui avait disparu quelques jours dans une clinique de la campagne genevoise, pour se faire avorter – personne ne sut jamais comment ils financèrent cette intervention, ni même comment l'affaire put demeurer secrète, sachant que Carole Cachin était revenue blême, amaigrie, ayant perdu à la fois ses joues et son innocence, elle semblait s'être vidée de son sang comme si la vie qui l'animait était restée là-bas, quelque part dans une chambre stérile, dans un bâtiment qui ressemblait à un abri atomique.

La sœur de Charles Demaule – Cécile ? Ou Sylvie ? – avait bien entendu un dossier sur les trois C, une série d'anecdotes et d'analyses qu'elle énonçait avec une froideur de médecin légiste, en réajustant ses barrettes. Chris avait non seulement embrassé « un vieux beau bronzé comme de la terre cuite », mais donnait aussi rendez-vous à de respectables pères de famille, à la tombée de la nuit, sur le minigolf de Montana (on aurait dit une sorte d'amazone ou de goule affamée, qui piégeait des hommes mûrs, qui n'y étaient pour rien, cheminant le long de la grand-route, comme s'ils allaient, un peu à contrecœur, à la rescousse d'une jeune fille qui « avait des ennuis »). Ces ragots rendaient fou Serge Chubowska, qui notait les allées et venues de Chris dans son grand cahier noir, et pouvait donc apporter la preuve de son innocence (cette année-là, les deux seules fois où l'on avait pu croiser Chris au minigolf, c'était en avril, entre 15 et 17 heures avec ses frères le 15, et entre 16 heures et 18 h 30, en compagnie de Charlie et Claudia, le 23, ce jour-là elle portait d'ailleurs un pantalon rouge, un polo orange, et des couettes).

Le soir, aux Quatre cents coups, il éructait contre la sœur de Charles, menaçant de fracasser sa petite gueule, les joues enflammées par l'alcool et l'indignation, et l'on sentait bien qu'il l'aurait fait – la secouer, la gifler, griffer ses bras maigres, ou sa figure de rongeur malade – si elle avait eu le malheur de passer dans les parages à cet instant-là. Mais Céline ou Sandrine ou Caroline ne sortait jamais le soir, on la croisait uniquement la journée, dans les salons de thé, entourée d'une bande de filles aux cheveux filasse, ou chez Souvenirs Souvenirs, un magasin sur la grand-rue, où on pouvait l'apercevoir, à travers la vitrine, en train de manipuler des animaux en porcelaine, des chats, des biches, des lapins peints à la main, fragiles comme la réputation de ses victimes.

On disait également que Charlie, sous ses airs de sainte nitouche, était une traînée. Elle faisait le mur, enjambant la rambarde de la fenêtre de sa chambre, au premier étage, pour rejoindre des garçons qui l'attendaient au volant de voitures garées dans la pénombre, phares éteints, à quelques mètres du chalet de ses parents. Face à tant de stupidité, de méchanceté, nous étions stupéfaits, et accablés. Charlie était d'une élégance et d'une indépendance si absolues, qu'il était absurde – *insupportable* – de l'imaginer sur une banquette arrière, ses beaux cheveux ébouriffés, son jean baissé sur ses cuisses, abandonnée aux mains de garçons qui n'avaient d'autre pouvoir qu'un permis de conduire. Cette année-là, Patrick Saincère était si démoralisé qu'il fut éliminé lors du premier match du tournoi du Tennis Club junior de Crans-Montana, vaincu en trois sets par un gros Belge en short orange. *Patrick Saincère !* Lui qui avait le service le plus flamboyant de sa catégorie, qui envoyait sa balle au fond du court, avec une puissance et une précision qui tranchaient avec la nonchalance de son mouvement, et dont les filles adoraient l'esprit de compétition, frémissant dans l'assistance quand il poussait des gémissements en frappant au revers, semblait perdu, massif et hagard, livré à une défaite secrète.

Seul Franco réussissait à apaiser notre fureur. Les rumeurs ne pénétraient pas son monde intérieur, elles glissaient sur lui comme la pluie de fin d'été, lorsque les voitures de luxe repartaient, très lentement, sur la route en lacet – étroite, dangereuse, une stèle grise, encastrée dans la roche, au-dessus de Sion, rappelait la chute mortelle d'un couple, dans un coupé sport, en 1961. Il regardait le cortège d'Austin, Alfa Romeo, Renault grises, Mercedes noires, s'enfoncer dans les brumes du matin, et songeait, sans mélancolie, à la clôture des comptes d'été, évaluant le chiffre d'affaires.

Pendant la saison, nous montions quelquefois dans sa camionnette, qui puait le skaï, et où l'air s'engouffrait de toute part. Assis sur la banquette avant, en blouson à col de velours, nous l'attendions, tandis qu'il ravitaillait les familles – nos familles –, comme des enfants paisibles. Nous étions heureux dans cette camionnette, la vie y était simple, et, tandis que Franco conduisait, ses mains passant les vitesses avec l'assurance d'un homme, nous avions l'impression d'être à notre place. Il nous rassurait, parfois, en quelques mots, et nous restions immobiles, retenant notre souffle, comme si nous enregistrions des directives secrètes qui ne seraient pas répétées une seconde fois.

Chris ne s'intéressait pas aux garçons, elle le lui avait dit au bowling, juste après que, devant leurs yeux, son frère Alain avait repoussé Anne-Sophie Utterly qui s'agrippait à lui, le visage tordu par la douleur, ses larmes dessinant des ruisseaux sur ses joues.

« Je ne serai jamais amoureuse », avait affirmé Chris, et Franco se souvenait de sa moue, et de l'incompréhension avec laquelle elle envisageait l'idée du chagrin. « Elle s'en fiche, des garçons. Alors des vieux types, tu parles. » En ce qui concernait Charlie, Franco nous expliqua qu'il allait quelquefois la chercher dans sa camionnette, après minuit pour qu'elle puisse sortir danser – à ces mots, Serge Chubowska se mit à fixer l'horizon en plissant les yeux, comme s'il avait aperçu un rouge-gorge, ou un écureuil, sur une branche de mélèze. « Elle habite à Bluche, à cinq kilomètres de Crans, elle rentre quelquefois à pied, mais je lui ai dit qu'elle devait arrêter ça. Je lui ai dit qu'il y avait des loups. » Il riait, s'allumait une Gitane dont la fumée s'étirait dans l'habitacle et pénétrait nos poumons et nos cœurs.

Le seul, l'unique secret, était celui de Claudia. Franco Rossetti nous le confia, à la sortie des Quatre cents coups, au petit matin, en vacillant le long du lac, son blouson moite de rosée, tandis que le soleil illuminait la surface de l'eau, miroitante comme du verre. Nous étions sortis de la nuit du night-club comme on sort du fond d'une grotte – moquette râpée, velours noir, poussière, sueur, fumée – et, soudain, l'air vif du matin nous giflait, le lac immobile, les joncs qui frémissaient sur ses rives, l'horizon qui rosissait, nous ramenaient à notre insignifiante agitation. Patrick Saincère, qui avait passé des heures sur la piste à danser grossièrement en tripotant les fesses des filles, s'était assis sur l'herbe, à la façon d'un petit garçon, et nous l'avions imité, en silence. C'est alors que Franco nous avait raconté le secret.

La veille, il avait emmené Giovanni dans le bois longeant l'étang de la Moubra, dans l'espoir de trouver des champignons magiques, qu'il cueillait dans le pâturage, près des bouses de vaches, ou à l'orée de la forêt, petites grappes blanches agglutinées contre des souches. Nous étions demeurés impassibles, absorbés dans la contemplation de la nature, comme si cette conversation était absolument ordinaire ; aucun d'entre nous n'avait jamais entendu parler de « champignons magiques ». Roberto Alazraki, qui était en section scientifique, et deviendrait cardiologue à Bologne – « la pire des spécialités, *Tutti moribondi* », répétait-il – nous apporta l'été suivant un ouvrage interlope, où était inscrit *Atlante dei pianti allucinogeni* mais aucun d'entre nous n'y comprit quoi que ce soit.

Le mois d'avril avait été doux, puis les températures étaient subitement tombées, et apparemment, c'étaient les conditions idéales pour leur apparition. Ils semblaient s'épanouir dans la souffrance, et le trauma thermique, « putain de plantes masochistes », nous expliqua plus tard Roberto. Mais les « Psylos » n'étaient nulle part, et ils avaient dû pénétrer dans le bois, suivant le sentier de randonnée, leurs pas amortis par un tapis d'aiguilles de pins. Giovanni s'impatientait, et buvait du gin (apparemment, il avait une inclination pour l'abandon, et l'alcool, ce qui nous stupéfia), tandis que Franco continuait de progresser, légèrement étourdi par l'odeur de la forêt, lui qui passait son temps dans une camionnette, ou la remise d'un supermarché éclairé au néon. Il fut difficile, ensuite, de se souvenir si Franco avait *réellement* donné ces détails, ou si nous les avions inventés, mais, des années plus tard, nous sentirions toujours le parfum de la mousse, et la scène était d'une étonnante précision, le décor – framboisiers sauvages, lichen, clématites, bruyère – gravé dans nos mémoires, alors même que nous n'avions jamais eu le moindre penchant pour la botanique (plus tard, nous demanderions aux fleuristes de composer eux-mêmes les bouquets que nous ferions livrer à nos épouses).

Franco ne sut pas depuis combien de temps il marchait, Giovanni sur ses talons – ou peut-être est-ce nous qui avons imaginé que le temps s'était étiré –, quand soudain eut lieu l'apparition. En robe de laine bleu marine, col d'écolière, Claudia était là, immobile, au bord du sentier. Elle se tenait sur un promontoire de terre, les yeux levés vers les arbres, le bras gauche tendu devant elle. Ses cheveux, lâchés sur ses épaules, remuaient doucement, comme si on soufflait dans son cou. Elle était tellement concentrée qu'elle ne les vit pas, et ils restèrent là, pétrifiés, comme s'ils l'avaient surprise – *Giovanni ! sa sœur !* – dans une situation compromettante, nue, ou pire. Elle portait des sandales vernies, avec un talon carré, tout à fait inappropriées à la marche en forêt.

À cet instant – ou était-ce quelques heures plus tard ? –, une mésange minuscule, à la gorge jaune, se mit à voleter autour de son visage, puis se posa sur sa main. L'oiseau saisit ce qui ressemblait à une miette de pain, resta là, suspendu au bout des doigts, puis, dans un frémissement d'ailes, disparut dans l'ombre des sapins. Claudia glissa sa main dans la besace en cuir qu'elle portait en bandoulière – *en cuir ?* –, et ce fut comme un signal, deux, trois, mésanges, nuage gris et bleu, l'encerclèrent puis piquèrent sur sa main qu'elle soutenait du bras gauche, comme une statue figurant la victoire.

Nous ne sûmes jamais ce qui se passa ensuite. Les vit-elle ? Éclata-t-elle de rire ? Ou s'évapora-t-elle, alors qu'ils clignaient les yeux, ne laissant derrière elle qu'un léger parfum citronné ?

Quoi qu'il en soit, nous savions – comment, il était impossible de l'expliquer, mais des informations parvenaient jusqu'à nous, sans même parler, ce n'était pas nécessaire –, nous savions qu'ils ne se rencontrèrent pas, dans le sens qu'ils ne purent échanger, ou repartir ensemble, ou la toucher du doigt, car Franco, et même Giovanni, avec sa beauté de magazine, sa splendeur décadente, ne pouvaient l'atteindre, pas là, pas à cette époque-là.

Non ho l'età, non ho l'età per amarti,
Nell'attesa che venga quel giorno, ma ora no.
Ma ora no Ma ora no.

7.

C'est durant l'hiver 67 que le monde s'effondra. Ou du moins, que nous en fûmes éjectés, et que la vie confirma notre renvoi dans l'ombre, dans un brouillard flou, élastique.

Cette année-là, Serge Chubowska cessa presque complètement de dormir. Cela commença au moment de la guerre des Six Jours, après une nuit chez Ariel Kattan, dans la chambre de bonne qu'il occupait au-dessus de l'appartement familial, avenue Foch, avec des étudiants mal rasés qui récoltaient des fonds pour Israël. Depuis ce jour, il avait sous les yeux des traces malsaines et affirmait ne plus supporter son lit : « C'est comme une bouche géante », nous disait-il, en passant sa main dans ses cheveux, qu'il n'avait plus l'énergie, ou la sérénité nécessaire, de laver. Il évoquait aussi quelquefois – mais seulement quand il avait bu, tard dans la nuit – « un garçon qui le regardait dans l'obscurité, debout à côté de son lit ». Il murmurait, en lançant des regards soupçonneux pardessus nos épaules. Nous détestions entendre ces conneries, et nous allumions une cigarette, ou regardions nos mains. Ses costumes étaient chiffonnés, comme s'il ne les quittait pas pour dormir, et c'était d'autant plus choquant qu'il s'était toujours montré impitoyable vis-à-vis de nos fautes de goût ou d'un quelconque signe de laisser-aller, comme lorsque, l'été précédent, il avait refusé de déjeuner en compagnie de Christian Grange qui portait un tricot de corps.

C'est l'année où Max Mollanger se mit à parler compulsivement de la mort de Françoise Dorléac. Daniel Vidal – le seul d'entre nous qui acceptait ses invitations, apparemment pour accéder à ses exemplaires de *Penthouse* – nous raconta qu'il avait érigé un mausolée dans sa chambre, au-dessus de sa collection de maquettes, constituée de la Une de *Paris-Match*, du poster *La Peau douce* (signé d'un gribouillis au feutre noir) ainsi que d'une publicité pour la Renault 8 Gordini, le modèle de toutes les jolies filles, dans lequel l'actrice avait percuté ce poteau électrique, à la sortie de l'autoroute de l'Esterel (« bretelle n° 47 » précisait-il).

C'est l'année où Patrick Saincère se mit à évoquer les vertus du sang, et à faire des descentes à Nanterre avec les commandos d'Occident, affirmant qu'il les trouvait « complètement cons » mais détaillant les coups qu'il filait à des communistes à lunettes avec une fierté qui nous affligeait et nous impressionnait à la fois. C'est l'année où Daniella Alazraki, la sœur de Roberto, se mit à appeler ses parents par leurs prénoms, et à les tutoyer. C'est l'année où Franco se laissa pousser les cheveux, et se mit à porter un pendentif en corail en forme de bite.

C'est l'année où les trois C nous poignardèrent en plein cœur.

Cela commença lorsque Chrystos Tollis, un Grec qui faisait du ski de fond sur le golf, comme un vieux, nous alpagua chez Gerber, en fin d'après-midi. Il haletait, les yeux exorbités : « Sylvain Gouzman et Nathalie Gurwitz ont baisé sur la table de ping-pong des Tbilissi. »

Nous avions senti une vague souterraine, devant nos chocolats chauds qui fumaient dans des tasses en porcelaine, des tasses que l'on aurait voulu jeter contre le mur, fracasser contre le crâne du premier venu, même le nôtre, pour le goût du sang, ou juste pour faire quelque chose.

Chrystos Tollis semblait une source fiable – ses joues enflammées, ses mots précis, dans l'air sucré de la boulangerie. Sa grande sœur, Elettra, une créature languide que l'on voyait souvent, adossée à un mur du Club, dessinant des ronds de fumée avec sa bouche en O, était rentrée au milieu de la nuit – il fut incapable de préciser l'heure – et, sans doute stupéfaite par ce qu'elle venait de vivre, s'était glissée dans son lit, collant contre lui son corps chaud, suintant l'alcool et une odeur indéterminée, de charcuterie, ou de ferraille. Elle avait chuchoté à son oreille, durant de longues, très longues, minutes, comme si cette oreille était une coquille de nacre, ou un tunnel menant au centre de la terre, le réceptacle d'un cœur trop plein.

Charlie avait donc organisé une fête, au sous-sol du chalet les Herbes Folles. *Ce nom !* Nous n'avions jamais réalisé combien il était prometteur et douloureux. Selon Chrystos, une foule – une *foule* ? – s'était entassée dans le carnotzet du chalet, cette cave suisse où l'on se réunit pour boire et se livrer à toutes sortes de débordements, des pratiques sauvages, derrière une lourde porte de bois destinée à étouffer les sons (cris ? chants ? orgasmes ?).

Il racontait, les yeux levés vers le ciel, debout dans cette boulangerie, propre comme l'ennui ou la mort, et nos chocolats ressemblaient à du goudron. On aurait dit qu'Elettra avait pris possession de son corps, tandis qu'il racontait, chuchotant ces mots, d'une voix traînante, mélodieuse, mais lancés comme des couteaux. Il racontait les lanternes bleues et rouges qui éclairaient le monde d'une lumière spectrale, la fumée de cigarette qui avait plongé la pièce dans le brouillard, et le faisan empaillé posé sur le bar, qui semblait fixer l'assistance de ses yeux noirs. Des Italiens dansaient avec des lunettes de soleil. Il y avait eu des slows. Il y avait eu des verres cassés, des filles qui riaient, avec des regards troubles, et de la sueur à la lisière des cheveux, des couples entassés dans l'ombre, des mains remontant sous des pulls en mohair.

Et il y avait eu Sylvain Gouzman et Nathalie Gurwitz, dans le garage, sur la table de ping-pong.

Nous ne remîmes jamais en cause la parole de Chrystos. Il n'était de toute évidence qu'un oracle, un innocent dépêché par les Dieux.

Personne n'évoqua jamais cette fête. Aucune rumeur ne circulait, pas le moindre bruit. Même la sœur de Charles Demaule ne savait rien. Serge Chubowska l'avait attrapée par l'épaule, la faisant sursauter, tandis qu'elle contemplait la vitrine de Souvenirs Souvenirs composée sur le thème des biches – en cristal, en porcelaine, en verre soufflé, gambadant sur une prairie en caoutchouc. Serge lui avait posé la question sans préambule, ce qui n'avait pas semblé la déstabiliser. Elle s'était contentée de froncer les sourcils, avant de secouer sa tête de rat. « Non, il n'y a pas eu de fête chez les Tbilissi. Ni de baise sur une table de ping-pong. Je le saurais. » Puis elle avait ajouté, le regard dans le vague, à la façon d'un détective piochant dans ses dossiers personnels : « À ma connaissance, Nathalie Gurwitz ne couche qu'avec sa cousine Babeth. » Quant à Franco, il nous regarda, haussant les épaules, avec un sourire lointain.

Et pourtant, nous savions. Nous savions que, dans un monde souterrain, dans des caves de bois sculpté, il se passait des choses. Nous savions aussi que nous n'irions jamais dans ces caves. Nous n'en parlions pas entre nous, mais lorsque nous entendrions les témoignages de nostalgiques – mai 68, la liberté, le monde meilleur, le sexe, *toutes ces conneries* –, une douleur fulgurante se propagerait dans nos nuques.

À Paris l'air était électrique, la ville grondait comme un animal, et nous couchions avec des filles échevelées qui se jetaient à nos cous – Édouard de

Montaigne avait vu s'engouffrer dans son Austin, près de la Sorbonne, une petite rousse en minijupe dévoilant une culotte de coton rose qui avait lui dit : « Démarre, chéri, ils sont après moi. » Elle l'avait embrassé à un feu rouge, et, un soir, complètement pété, il nous avait lu un poème érotique embarrassant qui évoquait l'origine du monde sur un siège passager. Nous fumions à nos fenêtres, le soir, et Édouard de Montaigne, rue Monsieur-le-Prince, regardait flamber les voitures comme des cœurs embrasés, et surveillait son Austin, que personne ne toucha jamais, comme pour souligner son insignifiance, et la nôtre.

Même Patrick Saincère qui revenait la gueule en sang, après avoir tabassé des lycéens à la sortie des cafés, semblait en proie à un désordre intérieur, une tristesse, comme un manque de conviction.

L'été suivant, à Crans, il cessa complètement d'évoquer la renaissance du patriotisme, et se mit à jouer au curling, rejoignant l'équipe d'Ariel Kattan, qu'il mena à la victoire du tournoi amateur Sion/ Sierre 1969 ; même Edgar Suarez, à qui il avait cassé le nez à Paris, au mois de novembre après que celui-ci l'avait traité de « merde fasciste », le serra dans ses bras, longuement, comme un frère.

Crans-Montana était égale à elle-même, d'une immobilité indécente, indifférente aux rumeurs du monde. Le village continuait de vivre au rythme des journées de ski, des promenades familiales, des fins d'après-midi sur la terrasse du Sporting où le pianiste jouait *In a sentimental mood*, comme seul au monde. Mais il y avait une tension dans l'air. Lorsque nous passions la douane suisse, dans nos berlines de luxe, nos mères agrippaient leur sac à main, les fronts de nos pères se mettaient à briller, un film humide sur la lèvre. Daniel Vidal nous raconta qu'à peine arrivé au chalet, il avait vu son père extraire la roue de secours du coffre de la voiture, et s'enfermer dans le local à skis, laissant sa mère transporter les bagages, vacillante sur ses escarpins. « Ce pneu était bourré de fric », nous dit-il, d'une voix de type mûr.

Nos parents chuchotaient au téléphone, nos mères se rendaient au Crédit Suisse avec des sacs de voyage. Elles étaient tendues, et même si elles recevaient toujours pour l'apéritif, maquillées, coiffées avec cette perfection morbide, elles passaient de plus en plus d'après-midi dans leur chambre, où nous les trouvions endormies, en collants de soie, recroquevillées comme des enfants inquiets. Des années plus tard, on raconta que Bianca Feroldi découvrit dans le chalet familial, au fond de la cheminée, des tableaux couverts de papier et de suie, et des saphirs dans une boîte de bonbons pour la gorge.

Nous nous moquions de la menace communiste, nos fantômes étaient ailleurs. Cet hiver-là, il se mit à neiger presque sans discontinuer pendant des jours, et Crans-Montana se mit à ressembler à une île, crémeuse, inquiétante. Les trois C semblaient avoir disparu. Nous ne les croisions plus, on aurait dit qu'elles vivaient sous la surface de la terre, dans des caves où tout pouvait arriver. Lorsque nous nous aventurions à l'extérieur, pour aller chercher une forêt-noire chez Gerber, ou une bouteille chez Franco, des images insupportables nous fouettaient le visage, et la neige tournoyait, un tourbillon obscur, glacé. On aurait dit qu'il faisait nuit en permanence. Il y avait des avalanches, des skieurs imprudents, perdus dans le brouillard de la Mer Morte – le vrombissement des hélicoptères surgissait, annonçant le drame. Une femme enceinte tomba (se jeta ?) dans le lac souterrain de Saint-Léonard. Nous avions tout le temps froid, comme si nous vivions dans des draps mouillés.

Nous avons pourtant fini par retrouver leur trace. On nous avait raconté qu'elles logeaient toutes les trois aux Herbes Folles, en compagnie d'une bande d'Italiens, et qu'il se passait là-bas des choses peu convenables. Nous ne pouvions y croire – Claudia apprivoisait des mésanges, Charlie était une princesse et Chris un garçon manqué, elles étaient pures, libres mais innocentes. Pourtant à l'intérieur de nos têtes, quelqu'un chuchotait : « Sont-elles en train de baiser sur des tables de ping-pong ? Pendant que tu te laves les dents, ou que tu lis dans ton lit comme un enfant ? »

Un soir, alors que la neige avait subitement cessé de tomber, nous sortîmes dans la nuit, en direction du Club. Les arbres scintillaient de cristaux de glace, qui gouttaient sur nos fronts, et la route semblait recouverte d'une mousse de lait. La forêt jetait son ombre sur nos pas.

Nous savions. Nous savions.

Bien entendu, elles étaient là. Toutes les trois (Claudia et Chris en robes microscopiques, la blonde en noir, la brune en blanc, Charlie en jean), fumant, riant.

Elles étaient assises à la table des Italiens.

Claudia hochait la tête, concentrée, un brun chuchotait à son oreille. Chris était sur les genoux d'un type à la chemise ouverte. Charlie, très droite, était coincée entre deux Milanais, le plus beau des deux avait passé un bras autour de son épaule. Même de loin, on pouvait sentir leur excitation.

Nous demeurâmes pétrifiés, près du vestiaire.

Puis Serge – ou peut-être Patrick – enfila la manche de son pardessus, dans un mouvement sec comme un claquement de doigt. Nous nous précipitâmes dans le froid de la nuit. Il s'était remis à neiger, et l'eau coulait sur nos visages, dans nos cheveux, le long de notre cou, comme du sang frais.

8.

Il est difficile de se souvenir de ce qui suivit. Nous n'en avons jamais reparlé, entre nous. Il semble que nous n'ayons plus jamais vraiment parlé, ensuite.

Combien de temps cela a-t-il duré ?
Des heures ?
Des jours ?
Des années ?
Est-ce que cela n'a pas lieu, encore ?

Il y eut ces nuits, passées dans la BMW Neue Klasse des parents de Roberto Alazraki, abrités par les sapins, juste derrière la route de Bluche qui menait au chalet des Tbilissi. De loin, l'ombre des Herbes Folles semblait celle d'un temple, ou d'une église. Nous étions silencieux, nerveux, trop loin pour voir quoi que ce soit. Des lumières s'allumaient à une fenêtre. Serge Chubowska, qui connaissait la géographie des lieux, nous informait « chambre des parents », ou « cuisine », mais quelquefois tout était noir, comme si des cérémonies avaient lieu. Ils étaient là, des voitures immatriculées en Italie étaient garées sur le gravier, un peu partout, collées les unes aux autres.

Quelquefois, l'un d'entre nous sortait brutalement, faisant claquer la portière avant de disparaître dans l'obscurité. Quelques minutes plus tard, pendant lesquelles nous mâchonnions du fromage, ou des sandwichs au saucisson, en nous passant une flasque volée à nos pères, l'éclaireur remontait à bord. Son visage était blême. Nos souffles emplissaient l'habitacle. Aucune information apaisante, jamais aucune, n'était rapportée. Une lumière faible éclairait la chambre du premier étage. Des ombres passaient, au rez-de-chaussée, on entendait une musique lointaine, indéfinissable, un rire féminin – ou était-ce un sanglot ? –, une ampoule dans une cage en bois suspendue au-dessus de la porte d'entrée éclairait un couple de tourterelles en feutrine, d'une lumière fantomatique. Tout autour, la neige était absolument silencieuse.

Une nuit où la lune immense éclairait le chalet et ses alentours comme sous le faisceau d'un réverbère, nous avions garé la voiture plus loin, par prudence ou traversés d'une intuition subite. Nous étions sortis dans la nuit brillante, et sans même savoir pourquoi, nous nous étions dirigés vers le bois. Peut-être était-ce pour trouver refuge dans l'obscurité ou peut-être quelque chose nous appelait-elle là-bas ?

Nous avions presque frôlé des silhouettes qui couraient entre les arbres. Elles tenaient des lampions et ce qui ressemblait à des bouteilles de champagne, les points lumineux filaient dans l'ombre des branchages. Des cheveux blonds balayèrent soudain la nuit, comme un éclair, tandis qu'au loin des lampes torche lançaient des signaux évoquant un code secret.

Il y avait des garçons, des mots prononcés en italien, des chuchotements, des cris, comme une chasse ou une orgie, tandis que nous étions là, accroupis derrière des buissons. Nous ne bougions pas, malgré nos cuisses douloureuses et l'effroi dans nos poitrines. Nous savions nous cacher, demeurer parfaitement immobiles, nous n'étions plus que des ombres, mais il nous semblait que même si nous nous étions redressés, et que nous avions couru dans leur direction, nous serions demeurés invisibles à leurs yeux.

Daniel Vidal eut la peau de la paupière gauche arrachée par une branche, et demeura, stoïque, le sang coulant dans ses yeux, tandis qu'un couple agitait les branchages en poussant des miaulements. Serge Chubowska vit passer Charlie, qui lui marcha presque sur les pieds – « j'aurais pu la toucher » –, portant une combinaison jaune et des oreilles de chat. « Des oreilles de chat », répéta-t-il d'une voix douloureuse.

C'est ce soir, dans l'ombre, au cœur de cette forêt qui nous griffait la peau et le cœur, alors que nous étions là et nulle part à la fois, c'est ce soir-là que nous sentîmes monter en nous une force sombre, irrépressible, la nécessité du terrorisme et de la vengeance.

Il est impossible de se souvenir lequel d'entre nous eut l'idée. Était-ce Patrick Saincère, fasciné par l'affaire Markovic, et l'idée du chantage, des partouzes ? Était-ce Serge Chubowska dont le grand cahier noir – toutes ces pages, et ces pages, son écriture minuscule – semblait désormais dérisoire ? Était-ce Édouard de Montaigne, qui avait un faible pour les passions vénéneuses, et glissait des dessins anatomiques dans les cahiers de ses voisines de classe ? Quoi qu'il en soit, nous étions tous habités de la même conviction, de la nécessité même de notre décision.

En décembre 1969 nous nous mîmes à leur écrire. À leur écrire, à toutes les trois.

Nous découpions des lettres, parfois des mots entiers, dans *Le Monde*, le *Corriere della Sera*, ou le *Journal de Sierre*. Nous les assemblions, durant de longues soirées, dans la chambre de Patrick Saincère, à l'hôtel Beauregard, en buvant des bières. C'était une activité religieuse, comme un acte d'amour, c'était surtout terriblement apaisant, ces ciseaux à ongles, trop petits, des ciseaux de fille, l'odeur de la colle, les phrases que nous composions, sur ces feuilles blanches.

Les textes étaient beaux, et les phrases menaçantes semblaient innocentes, un collage surréaliste.

Ti vedo Ti vedo Ti vedo.

Tu morirai sapendo che è tutta colpa tua.

Ti amo stronza. Lo pagherai.

Roberto Alazraki se chargeait de la traduction en italien, ce qui nous semblait adroit, comme si le mal ne pouvait venir que d'eux, ces arrogants imbéciles qui vivaient désormais à leurs côtés, dont la peau frôlait la leur, et dont les rires, vulgaires, résonnaient encore à nos oreilles, dans ces bois dont nous n'étions pas tout à fait revenus. Nous glissions les mots pliés en quatre dans des enveloppes achetées au supermarché, des enveloppes communes, que rien ne distinguait, dont la police ne pourrait retrouver l'origine. Sur chacune était inscrit le prénom de celle à qui était adressée la missive, en lettres capitales – découpées, collées –, comme des cartons d'invitation à une fête.

Puis, jamais avant 2 heures du matin, nous montions dans la Neue Klasse, et nous filions dans la nuit, nos mains crispées dans nos gants en agneau. Nous garions la voiture, de plus en plus loin. L'un de nous déposait nos œuvres sur le paillasson des Herbes Folles, juste au-dessous de la cage des colombes éclairée.

Il y avait une ivresse, et une libération. Nous avions l'impression d'être des terroristes, et plus rien ne semblait aussi excitant que de passer ces soirées à écrire, de déposer nos offrandes, accompagnées quelquefois de plumes, de cailloux, ou, une fois, sublime frisson, d'une minuscule chauve-souris que Daniel Vidal avait trouvée, séchée, dans un placard de la remise à ski.

Nous ne sortions plus. Notre vie se déroulait dans nos têtes, et entre les murs d'un chalet à Bluche. Nous imaginions nos lettres dans le tiroir d'une table de chevet, dans un sac à main, dans la poche arrière d'un jean, épousant des contours rebondis, ou, glissées dans un soutien-gorge, contre la peau d'un sein. Nous étions partout, et nos âmes volaient au-dessus de leur tête comme une nuée de lucioles, ou d'elfes tourmentés.

Il y eut quelques semaines de joie, comme une plénitude, une promesse, comme si nous sortions avec elles. Il était émouvant d'imaginer leurs doigts sur ces enveloppes, leurs yeux découvrant nos textes, ces mots empoisonnés qui créaient entre elles et nous un lien unique. Nous avions un secret. Il était sombre et beau, et nous demeurions quelquefois jusqu'à l'aube dans cette voiture, à boire, à rire, dans une sorte d'excitation inédite, et quand le soleil se levait, nous apercevions sur la neige des traces minuscules : nous appartenions désormais au monde sauvage, les animaux de la nuit pouvaient chasser, s'accoupler, se déplacer autour de nous. Jamais nous n'avions été aussi vivants.

Et puis, bien entendu, les choses se déréglèrent, parce que l'équilibre et la joie n'étaient pas notre sort, parce que la nature est un monde aveugle où tout se délite. Roberto et Serge passèrent devant le Club de tennis et aperçurent Chris et Charlie – leurs silhouettes irradiaient sur le revêtement en caoutchouc vert. Charlie portait un polo et un short blancs, et sa queue de cheval haute se balançait, fouettant sa nuque à chaque fois qu'elle frappait la balle. Chris était en blanc elle aussi, robe à manches courtes en éponge, et beaucoup trop maquillée. Elles ne virent pas les deux garçons qui les fixaient derrière la verrière, comme si rien d'autre ne comptait que cette balle qu'elles échangeaient, comme si elles pouvaient se permettre des hobbies.

Le même jour, par un hasard qui ne pouvait en être un, Max Mollanger entra dans l'épicerie et tomba sur Claudia, penchée sur le comptoir. « On aurait dit qu'elle voulait grimper dessus. » Elle riait, ou gloussait plutôt, en regardant Franco avec un air que personne ne lui avait jamais vu. « Ses yeux ! Ses yeux ! C'était comme s'ils parlaient et qu'ils lui disaient : vas-y, saute-moi, là, tout de suite, à 3 heures de l'après-midi. »

Était-ce la trahison de Franco Rossetti ? (Dans les jours qui suivirent, nous vîmes sa camionnette garée devant les Herbes Folles, prouvant qu'il était à l'intérieur.) Était-ce ces images de Claudia sur la table de ping-pong qui jaillissaient dans la nuit, ses yeux mi-clos, tandis que nous reposions sous des draps froids comme des linceuls ? La partie de tennis ? Aucun de nous n'aurait été capable de jouer au tennis à cette période-là. Aucun.

C'est durant les vacances de février que l'on commença à parler des coups de fil. Le téléphone sonnait chez les Maggiore, une voix soufflait dans l'écouteur. Alberta Maggiore le raconta à Franco, enroulée dans une inquiétante étole en renard, dont la tête, posée sur son épaule, semblait vous dévisager. Elle était nerveuse, avec des poches sous les yeux, et cette vulnérabilité inattendue la rendait plus érotique encore. Elle avait du rouge à lèvres sur les dents, ces somptueuses dents, faites pour mordre la chair. Elle ressemblait à une héroïne de film noir, puissante et déstabilisée. Roberto Alazraki nous rapporta qu'elle avait fondu en larmes dans la rue, alors que sa mère lui avait simplement dit : « Bonjour Alberta. » On racontait que la voix au téléphone ne se contentait pas de souffler, mais qu'elle prononçait des mots terribles : « Nazie », « prostituée » et aussi : « Ta fille, cette fille de pute, couche avec tout le monde. »

Une nuit, Anna Saincère vit Giovanni Maggiore, au volant de la Maserati, passer en trombe, juste à côté d'elle, devant la patinoire, faisant gicler de la neige sale sur son manteau. On le voyait de plus en plus souvent, pâle, ivre, s'embrouillant à l'entrée du Club ou même au Sporting, l'après-midi.

L'été suivant, c'était l'été 70, le chalet des Maggiore demeura les volets clos. Il y avait des traînées rouges, sur le mur, comme si l'on avait essayé à la hâte d'effacer des mots, tracés à la peinture, ou des traînées de sang.

Personne ne vint plus aux Herbes Folles.

Les trois C avaient disparu.

Puis Franco nous raconta que Claudia était enceinte. Elle s'était enfuie avec un Italien marié, et, en apprenant sa grossesse, il l'avait laissée tomber pour retourner auprès de sa femme, enceinte elle aussi. Il nous dit cela au volant de sa camionnette, d'une voix sans émotion, en fixant la route, tandis que nous étions paralysés, et qu'une odeur de sueur emplissait l'atmosphère.

Le reste de l'été se déroula dans une sorte de brouillard. Aucun souvenir ne demeure. Juste cette nuit, lorsque Serge Chubowska, qui avait laissé la fenêtre ouverte, et ne dormait pas, comme presque toutes les nuits, vit une chose se déplacer dans les airs, un souffle, une ombre, à toute vitesse. Il se redressa sur son lit, et les yeux plissés, distingua une chauve-souris qui tournoyait dans sa chambre, comme un messager des enfers venu lui signifier nos péchés.

Charlotte

Deux jupes et trois pulls. Charlotte Tbilissi avait l'impression que son adolescence pouvait être étalée sur un lit.

Un kilt – pas la bonne couleur, pas le bon pli –, une jupe plissée vert bouteille – tout le monde l'avait en rouge – et des pull-overs en shetland, bordeaux, gris foncé, bleu marine, les mêmes que ses frères, qui grattaient la peau. Tout était toujours trop grand. Les jupes tombaient sur les hanches, les pulls bâillaient, contrairement à ceux de ses amies, enfin les filles qu'elle était bien obligée de fréquenter, qui habitaient avenue Foch. On aurait dit que l'avenue était peuplée de beautés à la peau pâle, qui coiffaient leurs cheveux avec des peignes en écaille et portaient des polos plaqués contre leurs seins, doux comme du feutre.

Charlotte savait depuis toujours qu'elle était insignifiante, pire, elle était bizarre. En grandissant, elle se sentirait toujours différente, mais en piquant les pantalons de ses frères et les chemises de Pier Paolo Gomasio (elles se boutonnaient à l'entrejambe, c'était troublant), elle réussirait à se créer un style, qu'on pouvait qualifier d'« original ».

Rien n'allait jamais. Ses vêtements, ses chaussures – blanches, orthopédiques, à lacets, blanches, *bon sang, fallait-il qu'elles soient blanches ?* –, ses cheveux beaucoup trop longs que sa mère refusait de couper sous prétexte qu'ils étaient magnifiques, ses seins inexistants, son nez, son menton.

Sa mère affirmait qu'elle avait le menton fuyant. Elle regardait Charlotte, et s'exclamait, sur un ton de reproche, à tout moment de la journée : « Fais Grace ! »

Grace Kelly était l'idole de Salomé Tbilissi, l'incarnation de la perfection plastique, du maintien et du chic – du menton équilibré. Charlotte devait avancer la mâchoire, les dents du bas devant les dents du haut, comme si l'exercice, répété indéfiniment, cette gymnastique finirait par infléchir le mouvement des os. Il y avait quelque chose d'arrogant dans ce combat, une inconscience qui évoquait la folie obstinée de ceux qui espèrent détourner des fleuves, ou construire des voies de chemin de fer dans la jungle. Charlotte activait les muscles de sa mâchoire, les tendait vers l'avant, la peau de son cou tirait, jusque derrière les oreilles, et elle restait comme ça, le temps que sa mère reparte à ses occupations. Lesquelles ? Elle n'avait jamais vraiment compris d'où venait sa tension, toujours à la frontière du débordement. Pas un seul jour de sa vie, Salomé Tbilissi n'avait travaillé. Elle employait une cuisinière et une gouvernante qui dormaient dans des chambres de bonnes, au-dessus de l'appartement, mais elle était toujours agitée, comme si la journée ne suffisait pas.

Finalement, il avait été convenu que Charlotte se ferait opérer du menton, à l'âge de dix-huit ans. Le professeur Solignac, filleul de son père et chirurgien plastique qui était connu jusqu'aux États-Unis pour avoir séparé des nourrissons siamois, lui avait tripoté la mâchoire avec ses mains qui sentaient l'eau de Javel. Tandis que ses doigts s'enfonçaient dans sa peau, il avait déclaré : « Je vais te mettre une petite prothèse, juste là, une vis, c'est rien du tout. »

Un jour, Charlotte s'était fait une frange, avec des ciseaux à ongles. Sa mère avait jeté le rôti par terre, dans un geste kamikaze. Le tapis de la salle à manger, somptueux, des paons verts et violets sur un fond bleu nuit, en conserverait une ombre brune comme une trace de boue.

Salomé Tbilissi était trop grande. Elle mesurait 1 mètre 75 et, quand elle voyait Charlotte piocher dans le bol à pistaches, elle paniquait.

« Mais arrête, arrête. Arrête de grandir. »

Il lui était interdit de manger de la viande rouge, ou, pire, de se soigner à l'homéopathie, « qui fait pousser les os, même à l'âge adulte ».

Quand Salomé Tbilissi recevait des invités, replaçant les plateaux de blinis sur la table basse du salon de façon symétrique, son twin-set parfaitement ajusté sur son torse de jeune garçon (les seins fantômes, une malédiction familiale), elle envoyait sa fille dans sa chambre : « Va te remettre du rouge à lèvres. »

Charlotte faisait coulisser la porte en accordéon, et se laissait tomber sur le lit, avec ses coussins brodés de fleurs tropicales, et elle restait là, adossée contre le mur, les jambes tendues sous son kilt, brandissant son tube de rouge avec un sentiment de défaite : comment pouvait-elle espérer ressembler à une blonde sophistiquée, avec son visage « particulier », ses cheveux épais comme du poil de loutre, ses yeux sombres, troubles, *malhonnêtes* ?

Elle aurait voulu passer toute son existence sur ce lit.

Ce soir-là, elle tenait la lettre entre ses doigts vernis de rouge, comme des petites pointes de sang. Des rires, des voix haut perchées lui parvenaient à travers la paroi, fine comme du carton, qui la séparait de la salle de réception. Un mausolée maintenu dans l'ombre où l'on voyait voleter la poussière.

Il lui semblait que la lettre émettait des ondes de désespoir, une plainte chuchotée. Elle frémissait, un cœur battait. C'était sans doute le seul être vivant dans sa chambre. Même le hamster, grattant fiévreusement sa litière, avait un regard morbide. Sa cage, fixée au-dessus du lit, contre le papier peint, ressemblait à un cercueil suspendu.

C'était le printemps 1971, Charlotte avait dix-neuf ans. Elle avait relu la lettre des dizaines de fois. L'enveloppe froissée était adressée à « mademoiselle Charlotte Tbilissi, 27 rue de Miromesnil Paris XVIIe, Francia ». Sur le timbre, on pouvait lire « Parchi Nazionali », juste au-dessus d'un cerf bramant – sa désolation ? – sur fond de montagnes enneigées.

Elle avait délicatement extrait de l'enveloppe deux pages d'un papier fin comme du papier à cigarette, noircies recto-verso d'une petite écriture penchée qui évoquait la fuite. En tenant la lettre, on avait l'impression de tenir un papillon, on sentait le relief innervé sous la pulpe des doigts. Ce n'était pas la première fois que Claudia lui écrivait, mais cette lettre ne ressemblait à aucune autre. Elle relatait son désespoir, dans un style embrouillé mais sans fard, et c'était d'autant plus stupéfiant que, durant toutes ces années, depuis qu'elles s'étaient rencontrées toutes les trois, à l'école suisse de ski, sur les pistes de Crans-sur-Sierre réservées aux débutants, en décembre 1963, elles n'avaient jamais parlé de leur intimité. Elles avaient treize ans, elles étaient timides, aimaient rire, et skier, même si elles n'étaient pas des flèches, surtout Claudia, la plus maladroite, mais aussi la plus élégante. Charlotte se souvenait avoir été frappée par ses tenues à la mode, des ensembles rose pâle, légèrement pailletés, et qu'en dépit de sa coupe de cheveux – grosse frange, casque blond – elle l'avait trouvée magnifique. Elle avait eu la sensation de trouver une alliée, un membre de son espèce. Contrairement à Chris qui souriait comme si elle vivait sur une scène de music-hall, Claudia était complexée. Elle semblait terrorisée par sa mère, une blonde sculpturale en fourrure, coupante comme un pain de glace, et qui, de loin, ressemblait à un grizzli dressé sur ses pattes arrière.

Charlotte vivait avec la conscience d'une anomalie, et à Crans, c'était encore pire. Elle se souvenait du jour où son père était allé chercher Camille et Elisabeth Ackermann, avec la casquette où était inscrit Les Herbes Folles, en lettres brodées. Elles étaient montées à l'arrière de la grosse cylindrée, sans interrompre leur conversation, secouant leurs cheveux fins, prenant l'homme en uniforme pour le chauffeur de la maison. Charlotte avait fait semblant de ne pas s'en rendre compte. Mais cet hiver-là, elle n'avait plus invité personne à venir jouer.

Pendant l'été 61, elle avait assisté à la première communion de Camille et d'Elisabeth, dans l'église de Montana, pleine de Parisiens qui étaient descendus à l'hôtel Royal. Elles souriaient, fières et fluorescentes dans leurs robes. Devant l'autel, elles semblaient agenouillées dans des nappes de lait. Elles avaient reçu des livres, des stylos, des médailles en or. La semaine suivante, Charlotte entendit à la télévision suisse romande un prêtre exalté affirmer que « seuls seraient sauvés ceux qui graviraient le mont Blanc ». Elle eut la sensation d'être exclue, une sensation physique dans la poitrine, en même temps que flottait dans l'espace la vision d'une procession d'hommes en blanc, tenant par la main des jeunes filles en robes immaculées qui montaient sur le glacier, en direction du paradis, auréolés de flocons.

Juste avant Noël, elle se fit baptiser par Camille et Elisabeth, dans leur chambre de l'hôtel Mirabeau. Elles lui baignèrent le front à l'eau minérale, déposèrent une pincée de sel sur sa langue, prélevé dans un chien en porcelaine dérobé à la Rôtisserie de la Reine. Charlotte se mit à prier, tous les soirs, les mains croisées, mais personne ne répondait. Le Christ ne voulait pas d'elle. Puis les sœurs Ackermann racontèrent à leur mère ce qu'elles avaient fait, et le scandale éclata. « Comment vous, des petites Allemandes, avez-vous pu baptiser une Juive ? » leur dit-elle, avant de venir implorer le pardon de Boria Tbilissi qui se contenta de lui servir un verre de Grand Marnier.

Claudia, elle, connaissait la souffrance, la solitude, Charlotte le voyait dans ses yeux, recouverts d'un voile, comme si elle était toujours au bord des larmes. À l'institut Montalivet, à Lausanne, où elle était pensionnaire depuis l'âge de sept ans, elle semblait souffrir, même si elle ne l'évoquait jamais.

Pauline Raynaud, qui fréquentait l'école en externe, retrouvant chaque soir ses parents, qui venaient la chercher en voiture, lui avait raconté que Claudia était seule en permanence, et qu'elle avait été accusée d'avoir volé un stylo Montblanc bordeaux à Mélanie Duval-Fleury, dont les parents avaient financé la salle de sport. Claudia lui avait tendu le stylo qu'elle avait reçu pour son anniversaire, quelques semaines auparavant. Ensuite, elle avait dû lire des passages de la Bible au réfectoire à haute voix debout sur une estrade jusqu'aux vacances d'été. Apparemment, elle n'avait même pas songé à en parler à ses parents, ou à prouver son innocence.

Claudia avait vécu la passion du Christ ; Charlotte l'aimerait toujours.

Dans sa lettre, juste après la date, 24 marzo 1971, Claudia avait écrit « cara Charlie », mais on aurait dit qu'il s'agissait plutôt d'une confession adressée à elle-même. Entre autres choses ahurissantes, on pouvait lire : « Le jour où il m'a quittée, je suis morte. »

Charlotte avait vu Claudia pour la dernière fois à la fin du mois de juillet 1970. Elle lui faisait des petits signes de la main, devant les Herbes Folles, sur l'allée en gravier, en traînant sa grosse valise remplie de sandales et de hauts à bretelles. Elle partait rejoindre ses parents et Giovanni à Forte dei Marmi. Avec ses lunettes de soleil qui réfléchissaient la lumière aveuglante de la montagne, ses cheveux déployés, presque blancs, elle semblait immortelle. Huit mois plus tard, elle écrivait des mots de condamnée. Elle était amoureuse, abandonnée et enceinte à en mourir.

Charlotte relisait la lettre plusieurs fois chaque jour. Elle flottait ensuite dans son esprit comme une image latente, elle pouvait se manifester à n'importe quel moment, en particulier au cours du dîner où la vie semblait se dévider dans les conversations familiales, et qu'elle avait la sensation de voler tout autour de la pièce.

Claudia avait rencontré Lupo Ponti, un Milanais étudiant en lettres, à Forte dei Marmi. Ils s'étaient enfuis en Fiat 500, sans même savoir ce qu'ils faisaient, Claudia n'avait jamais été aussi heureuse de sa vie. Et puis, elle n'avait plus eu ses règles. Quelques semaines plus tard, Lupo Ponti était remonté à bord de la Fiat de leur cavale amoureuse et était rentré chez lui retrouver sa femme et leur fille de un an.

Claudia ne s'étendait pas sur son chagrin d'amour, elle se contentait de décrire longuement, très longuement, la vie fantomatique qu'elle menait chez ses parents. Elle passait ses journées en chemise de nuit, ne pensait qu'à mourir, mais ne faisait que manger. Comme à l'époque du stylo Mont-blanc, elle acceptait le châtiment avec une sorte de résignation morbide. Elle savait qu'à Milan, tout le monde parlait d'elle. Ses parents avaient rendu visite aux parents de Lupo, réclamant qu'ils lavent l'honneur de leur fille mais ceux-ci les avaient reçus, debout sous un lustre de Murano, sans même leur proposer d'ôter leur manteau.

Elle avait réintégré sa chambre d'adolescente, traînant toujours sa valise d'été, remplie de tenues légères et minuscules, évoquant l'impitoyable ironie de l'existence. Son père refusait de lui adresser la parole, et sa mère était partie sur la Côte. Cela faisait maintenant près de trois semaines. Claudia savait que ses parents auraient voulu l'enterrer vivante dans la forêt, et l'oublier pour toujours. Elle caressait quelquefois le même rêve, son corps monstrueux enfoui dans une terre chaude et humide. Elle évoquait sa prise de poids avec des détails d'une précision horrifiante, et affirmait qu'elle se voyait souvent rouler dans l'escalier et vider de son sang ce ventre gigantesque, affreusement vivant. Il bougeait, la nuit, comme agité par la houle.

Quand elle pensait au ventre de Claudia, Charlotte sentait comme un vertige. Elle imaginait cette vie silencieuse, et l'ombre de la faute qui flottait contre les murs, rampait sur la moquette, s'infiltrait sous les portes pour se répandre dans la ville. Chez elle, il n'y avait pas de corps, et sous les housses de draps blancs qui recouvraient les meubles quand on ne recevait pas, on avait l'impression de voir des animaux sauvages, des vaches ou des rhinocéros, étendus sur le flancs, morts ou endormis.

Salomé et Boria Tbilissi ne parlaient pas de sexualité. Personne ne touchait jamais Charlotte, ni ne semblait imaginer qu'elle embrassait la glace de sa salle de bains, en jouant avec sa langue. Sa mère lui imposait un code vestimentaire strict, et incompréhensible, pas de coton l'hiver, jamais de bleu marine au printemps. Il était impératif d'enfiler une paire de gants avant de sortir, comme s'il fallait préserver sa peau, mettre une pellicule entre soi et le monde. À l'âge de quatorze ans, elle se rendait tous les mercredis après-midi au Golf Drouot, pour danser des slows dans la pénombre, serrée par des garçons qui plaquaient leur pantalon contre son ventre. Lorsqu'on lui avait proposé de se rendre boulevard du Montparnasse chez David Hamilton, un photographe qui cherchait des modèles, Salomé Tbilissi lui avait prêté son chemisier en soie, légèrement transparent. Là-bas, elle avait posé nue, les genoux relevés, devant le canapé du salon, ses fesses sur le parquet froid, sous le regard d'un ami américain, qui fumait du hasch, impassible. Elle n'avait jamais vu les photos, et sa mère avait été visiblement contrariée de ne pas pouvoir exposer un portrait de sa fille, réalisé par un professionnel.

Quand Franco Rossetti lui avait rendu visite à Paris, lui offrant une boîte de chocolats Suchard, Charlotte avait été stupéfaite d'y trouver des plaquettes de pilules contraceptives. Il était bien le seul qui imaginait qu'elle avait une vie sentimentale ou simplement biologique.

Si Charlotte rentrait tard dans la nuit, personne ne s'inquiétait de ce qu'elle avait fait. Ses parents espéraient qu'elle ne soit pas « trop fatiguée ».

Il n'y avait rien à craindre, effectivement. Charlotte savait qu'elle ne plaisait pas aux garçons, ou alors peut-être au pianiste du Sporting, un trentenaire dont les cheveux laissaient tomber des particules de peau morte, comme de la poudre, sur le velours de son blazer. Elle avait beaucoup d'amis, italiens, qu'elle avait rencontrés au Pré Fleury, la pension de Montana où elle avait passé plusieurs étés, dès l'âge de onze ans. Ils semblaient la considérer comme un garçon, et elle était consciente du privilège de leur amitié. Il y avait Roberto Alzraki, Pier

Paolo Gomasio, Matteo d'Annunzio qui l'appelait « la Begum », parce qu'elle portait des caftans et des bandeaux noirs dans les cheveux. Elle avait pensé à lui à Paris, durant de longues nuits anxieuses, tandis qu'au-dessus de sa tête le hamster faisait crisser ses dents, comme s'il mastiquait du gravier. Matteo était sorti un été avec Claudia, puis avec Chris, et, pendant plusieurs semaines, Charlotte avait eu l'impression qu'on essayait de lui arracher l'estomac, ou de retourner sa peau comme un gant.

Plus de dix ans après, Alexa, la sœur de Matteo, lui avait dit au téléphone, avec cette voix fraîche, *inconsciente*, comme si tout le monde savait : « Quand je pense que Matteo était fou de toi ! Le pauvre, il n'osait pas t'approcher, ta froideur le tétanisait. » Charlotte avait dû s'asseoir, agrippée au combiné jusqu'à ce que ses doigts lui fassent mal.

Lorsque Claudia se métamorphosa en l'espace d'une saison – sa peau, subitement lumineuse, ses cheveux dégoulinant dans son dos, avec des mèches presque platine, éclaircies à la camomille – Charlotte se sentit trahie. Elle s'en voulut de la rancœur que nourrissait son cœur, mais c'était plus fort qu'elle. Claudia minaudait devant les Italiens, éclatait de rire sans que l'on sache pourquoi, de plus en plus fort chaque jour, lui semblait-il, le visage penché, comme aspirée par un champ magnétique.

À quatorze ans, Charlotte et Claudia avaient fondé le Club du Caniche noir. C'était une société secrète, dont les activités consistaient essentiellement à lire des poèmes et jouer à la scopa. Il s'agissait d'échapper à la terreur, cette menace avec laquelle elles vivaient depuis toujours, comme un ciel au-dessus de la mer, où l'on était englouti, sans rien pour vous contenir. Le Club du Caniche noir n'avait jamais intéressé Chris, qui préférait le tennis.

Après l'été de la transmutation, il ne fut plus question du Club. Pourtant Charlotte voyait bien que rien n'était réglé. Si Claudia enchaînait les flirts avec une apparente décontraction, sans jamais avoir l'air amoureuse, ou même troublée, ses yeux demeuraient opaques. En l'espace de trois saisons, elle était sortie avec presque tous les Italiens, et avec Franco, aussi. On pouvait savoir avec qui elle était en la guettant à la sortie du Cinécrans, où elle enchaînait parfois trois séances, assise au dernier rang, les genoux remontés sous le menton, son petit ami du moment assis sur le siège attenant, un bras autour de son épaule, ou carrément couché sur elle, selon son degré de témérité.

À la même époque, les gens se mirent à traiter Chris d'allumeuse. Elle riait fort, dansait avec n'importe qui, et se laissait offrir des coupes de champagne par des hommes mariés qui traînaient au Sporting en fin d'après-midi. Ils invitaient des jeunes filles à leur table, et, alors qu'elles déclinaient toutes poliment l'invitation, Chris s'asseyait, sans paraître remarquer les regards de l'assistance. Elle laissait des traces de rouge à lèvres sur son verre, et sur les mégots de cigarettes qui s'amoncelaient dans les cendriers, puis elle repartait danser, ou rentrait chez elle, sans même penser à dire au revoir.

Sans qu'elle sache dire d'où lui venait cette intuition – elle le savait, tout simplement, comme elle savait que sa mère, la nuit, devenait compacte, dense comme une pierre, sous le corps de son père – Charlotte savait que Chris n'était pas si détachée qu'elle en avait l'air. Elles n'en parlaient jamais mais le sujet planait dans l'air, comme une présence, ou un animal dans les bois. En dépit de ce qu'elle pouvait observer – Chris, dans la salle de bain, passant un temps infini à laquer ses lèvres ou à se vernir les ongles de pieds, en plein hiver, ces pieds qu'on ne montrerait à personne – Charlotte l'aurait juré : Chris était terrifiée par les garçons et le sexe, tout aussi terrifiée qu'elle.

Pendant toute son année de terminale, Chris avait secrètement aimé Sébastien Gouze, qui la regardait avec une condescendance distraite.

Au printemps, il passa quelques jours au Palma, et elle se mit à se vernir les ongles en permanence. Il y avait une odeur de dissolvant qui flottait autour d'elle, comme si ses mains et sa vie étaient un perpétuel chantier, et qu'elle n'espérait pas moins que la perfection. Elle séchait ses leçons de tennis et errait dans le centre en espérant tomber sur lui. Elle traînait dans la grand-rue, frottant ses ballerines contre l'asphalte, perdue dans la contemplation des vitrines. Son cœur battait, à chaque instant, tout pouvait arriver. Mais, à chaque fois qu'ils se croisaient, Chris détournait le regard, et sa peau se mettait à luire comme une patinoire au soleil.

Un soir, alors qu'elle avait trop bu, Chris raconta à Charlotte qu'elle s'était rendue dans la chambre de Sébastien Gouze, après la piscine, les cheveux mouillés, mue par un élan qui ressemblait à de la soif. Il avait fumé un cigare, tandis qu'elle regardait par la fenêtre. Elle portait une robe culotte jaune zippée dans le dos. « Une tour imprenable », précisa-t-elle dans un rire qui sonnait faux. Il avait essayé de la déshabiller, dans une brève lutte silencieuse, puis, elle était rentrée chez elle, très agitée. Elle s'était juré que, plus jamais, elle n'embrasserait un garçon.

Et puis, finalement, l'été suivant, Chris embrassa Giovanni Maggiore, et, du même coup, perdit sa virginité.

Ce jour-là, Charlotte et Chris marchaient le long de la route de Sierre. Leurs cuisses crissaient l'une contre l'autre, serrées dans des shorts en coton. Elles étaient nerveuses, comme avant un examen ou un orage.

Giovanni Maggiore et Tommaso Luca avaient freiné brutalement dans l'Alfa Romeo de Giovanni, la portière s'était ouverte, et sans même savoir ce qu'elles faisaient, elles s'étaient retrouvées sur la banquette arrière, à passer la main dans leurs cheveux, leurs bustes penchés dans l'espace qui séparait les sièges avant pour se faire entendre, avec leur reflet dans le rétroviseur, ébouriffées, leurs lèvres humides.

Giovanni avait garé la voiture sur le parking jouxtant le lac de la Moubra, et Charlotte avait eu soudain envie de s'enfuir dans la forêt. Au lieu de quoi, elle s'était extirpée de la voiture et avait rejoint Tommaso qui étendait une serviette de bain sur la plage, torse nu, en bermuda blanc. Le lac s'étendait, noir et brillant, sa surface immobile sous les vols des libellules ; leurs mouvements saccadés, imprévisibles, évoquaient l'agitation des filles. L'air était doux, il sentait les fleurs et la terre mouillée. Il pénétrait dans les poumons comme un poison, ou un philtre d'amour. De grandes herbes, courbées sous la brise, dessinaient des figures complexes à la surface de l'eau, juste sous l'ombre portée des mélèzes. Les pins se dressaient, des deux côtés du lac, à la façon de vigies obscures, aux frontières d'un territoire sauvage.

Giovanni avait sorti une bouteille de whisky de son blazer, contre laquelle rebondissaient les rayons du soleil, lançant comme un message en morse, un appel à l'aide.

Comment expliquer ce qui se passa ensuite ? Était-ce la chaleur qui faisait tourner la tête ? L'indolence des garçons ? Cet après-midi-là, ils se passaient la bouteille et plaisantaient en italien, sans se soucier de se faire comprendre des filles. Charlotte grattait machinalement la terre de ses orteils, en jetant des regards en direction du lac ; il ressemblait à une ombre.

Soudain, Chris s'était levée, et, sans que l'on sût jamais pourquoi, avait commencé à se déshabiller. Giovanni et Tommaso se mirent à ricaner doucement, et, tandis que le vent soulevait des mèches bouclées au-dessus de son crâne, elle enleva sa culotte et son soutien-gorge, les laissant tomber à ses pieds, comme si elle avait l'habitude. Les traces de bronzage révélaient la blancheur de ses seins, délimitant des zones fluorescentes et vulnérables. Une étendue sombre dessinait une carte secrète au-dessous du nombril. Elle courut en riant vers le rivage, et, alors que personne ne se baignait jamais dans le lac dont les eaux étaient glacées en toute saison, son corps glissa dans l'eau avec une fluidité stupéfiante. Elle disparut sous la surface, puis réapparut quelques secondes plus tard, à quelques mètres de là, agitant une petite main blanche dans le tranchant du ciel.

Giovanni se déshabilla à son tour, et se dirigea à grandes enjambées vers le lac, en slip. Une veine battait dans son dos, ou peut-être était-ce un muscle, une anguille qui rampait sous la peau. La bouche de Charlotte s'assécha – elle avait la sensation d'avaler du sable. Giovanni glissa dans l'eau, et leurs silhouettes se mirent à nager l'une vers l'autre.

On n'entendait plus rien, sauf le bruissement du vent dans les branchages, comme un murmure. On aurait dit que de minuscules créatures des bois marmonnaient au loin. Charlotte aurait été incapable de dire ce que faisait Tommaso, s'il regardait dans la même direction qu'elle, ou même s'il était encore là. Peut-être s'était-il simplement évaporé, de la même manière que les rides à la surface de l'eau disparaissaient en un instant, le lac reprenant son apparence morbide, après le passage des nageurs. L'étendue noire semblait capable d'engloutir n'importe quelle créature, d'aspirer son corps vers le fond, et de l'y garder pour toujours, prisonnier d'une forêt d'algues géantes.

Là-bas, Chris avait passé la frontière d'un monde. Elle avait de l'eau jusqu'à la poitrine. Ses pieds s'enfonçaient dans le sol, la vase adhérait à ses mollets comme des milliers de bouches en caoutchouc.

Giovanni la serrait dans ses bras, avec une force surprenante, ses lèvres dans son cou, en respirant de plus en plus fort. Leurs souffles couraient sur la surface, rejoignant la rive où les herbes poudrées dodelinaient dans le vent. Chris avait l'impression que des lianes enserraient sa peau, oppressaient son cœur.

Soudain, elle sentit une force aquatique contre ses cuisses. C'était comme des tentacules contre sa peau, souples, puissants, qui la tenaient fermement. Elle constata avec étonnement qu'elle ne pouvait plus bouger, même ses poumons semblaient comprimés. En une fraction de seconde quelque chose se déchira dans son ventre, loin, loin, dans un lieu dont elle ignorait l'existence.

Plus tard, Chris se souviendrait s'être dit, entre deux souffles, dans un sentiment de surprise qui la détachait de son corps, qu'elle allait mourir. Lui avait-on tiré dessus ? Était-ce une lame qui tranchait sa peau ? À moins qu'il ne s'agisse d'une bête sauvage, un ours peut-être, qui la dévorait ? Son cri transperça l'air, vif et aigu comme un martin pêcheur rasant la surface à toute vitesse.

Plus tard, dans l'Alfa Romeo, Charlotte, le visage posé à l'intérieur de son coude, vitre baissée, regardait le paysage défiler. Le monde ressemblait à une photographie ; les montagnes bleu ardoise, la forêt sombre, le soleil de fin de journée qui déposait sur le visage de Chris un halo doux comme du miel. Mais certains détails, le silence, les brusques coups de volant de Giovanni, les deux serviettes de bain, trempées, jetées à leurs pieds, tordues comme des corps, évoquaient l'inéluctable, et le tragique. Le ciel en constante métamorphose, mauve, orangé, bleu-noir, coulait comme de l'ombre à paupières. Charlotte avait la sensation que le lac, sombre et froid, se déversait en elle.

L'été se déroula comme un songe. Chris se mit à refuser les coupes de champagne au Sporting et Giovanni quitta précipitamment la station. On racontait qu'il s'était cassé la jambe en dévalant la pente de Cry d'Er, sur l'herbe et les cailloux, ivre mort, dans une luge en plastique. Claudia ne put confirmer l'information, évoquant vaguement un « accident ». La semaine suivante, elle s'en allait, triomphante, avec sa valise et ses cheveux illuminés.

Quelques mois plus tard, Charlotte avait reçu la lettre de Claudia. Allongée sur son lit, dans sa chambre de la rue de Miromesnil, elle pouvait voir la nuit par la fenêtre, et les lumières des autres fenêtres qui scintillaient comme les ampoules d'une guirlande. Derrière les autres fenêtres, y avait-il d'autres jeunes filles ? Étaient-elles prisonnières d'un corps clignotant, qui s'allumait par intermittence ? Traversaient-elles de longues plages de disparition durant lesquelles elles s'évaporaient dans les airs ?

Charlotte avait eu conscience de son corps à l'âge de onze ans. Après le collège, en fin d'après-midi, elle rentrait directement rue de Miromesnil. Elle pénétrait dans l'immeuble par la porte de service, pour prendre l'escalier réservé au personnel, l'escalier principal débouchant dans le bureau de son père qui ne voulait pas être dérangé – même si personne n'aurait réellement pu dire ce que Boria Tbilissi faisait dans ce bureau, et pourquoi il ne fallait surtout pas le déranger, puisque pour ses affaires, il se rendait dans un autre bureau, boulevard Malesherbes, à quelques centaines de mètres de là.

Elle se souvenait de ce jeune homme, inconnu et bien coiffé, avec un pull-over à carreaux identique à celui de ses frères, qui se tenait là, appuyé contre la porte d'entrée. Il lui avait demandé de l'aider à remonter des bouteilles de la cave, et elle l'avait suivi poliment, comme on le lui avait appris ; il avait des cheveux auburn, ils semblaient soyeux. Elle n'avait pas pensé à refuser. Elle ne disait jamais non, de toute façon.

Elle avait dû le toucher. Elle avait senti dans sa main un animal chaud, dilaté comme un muscle, ou un poulpe, et elle avait simplement pensé : « Je suis en train d'attraper une maladie contagieuse. » Il avait poussé une sorte de grognement – elle l'avait senti s'infiltrer jusqu'au fond de son ventre. Et puis, soudain, presque aussitôt, l'animal lui avait craché dessus. Une matière visqueuse, mouillée, qui avait souillé son manteau. Ce jour-là, elle portait ses chaussures de gym, bleues avec un liseré blanc. Son souffle était coincé dans sa gorge, comme une boule de plumes.

Après la cave, Charlotte était remontée chez elle. La tête lui tournait, elle avait dit quelque chose à ses parents ou peut-être pas, elle ne se souvenait que de son père qui tendait une main en direction de sa jupe, et demandait d'une voix étrangement étouffée : « Est-ce qu'il t'a touchée là ? » Il avait posé la question plusieurs fois de suite – *indéfiniment.* Salomé Tbilissi se tenait en retrait, les bras le long du corps, étrangement inexpressive.

Charlotte avait fait non de la tête, puis avait voulu ôter tous ses vêtements, et sa mère les avait emportés, pour toujours. Charlotte pensait quelquefois qu'on les avait rangés dans une pièce cachée, réservée aux vêtements souillés, dans un monde parallèle où l'on enfermait les secrets. Elle imaginait une chambre à laquelle on accédait par un mécanisme complexe, derrière la bibliothèque, ou la cheminée, une sorte de grotte, aux murs humides, où son manteau, sa jupe, son chandail étaient pliés, dans des piles contenant d'autres vêtements – une robe noire, un costume en laine grise, des chemisiers en dentelle –, une pièce où l'on avait aussi rangé des accessoires, pinces à cheveux, chaînes en or emmêlées, boucles d'oreilles en brillants. Elle faisait souvent l'inventaire, la nuit, dans son lit. Elle réalisa quelques temps après, peut-être des années plus tard, qu'il s'agissait des vêtements et des bijoux que portaient les inconnus sur les photos en noir et blanc, dans la bibliothèque.

Plus personne n'en reparla, et Charlotte dut continuer d'emprunter l'escalier de service. Elle avait l'impression de ne jamais penser au jeune homme, ou de façon furtive, comme si son cerveau avait bloqué l'accès à cette zone de souvenirs. Mais elle ne put jamais plus marcher seule, le soir, dans la rue ; une seule fois, alors qu'elle était âgée dix-sept ans, elle s'était fait surprendre par l'obscurité, après son cours de musique, elle avait fumé des cigarettes avec son professeur, un étudiant polonais à la peau translucide. Elle avait couru dans la rue, le soir s'était abattu, d'un coup. On l'avait retrouvée, allongée sur le trottoir, ses mollets repliés, en angle droit, un filet de sang coulant de son oreille comme un rêve cherchant à s'extraire de sa mémoire.

Allongée sur son lit, Charlotte repensa à ce jour, à la fin de l'été 70, juste avant que Claudia ne s'en aille vers son destin, où elle avait eu l'espoir furtif de mener une existence normale. Elle rentrait de la piscine, avec Claudia, Chris et Franco. Ils marchaient sur la route de Montana, en maillot de bain. Chris dans son une-pièce qui moulait ses seins, Claudia en short en jean, avec une tache d'humidité qui s'épanchait sur ses fesses, comme une provocation, Franco Rossetti en slip rouge, une zone dangereuse qu'il valait mieux ne pas regarder. Charlotte se souvenait de la sensation de l'asphalte, chaud, ramolli, sous ses pieds. Sa robe de coton en équilibre sur le bras, elle sentait le vent sur sa peau, comme le souffle d'un sèche-cheveux, en vacances, au bord de la mer.

De retour aux Herbes Folles, ils s'étaient retrouvés dans la petite pièce du sous-sol où trônait un simple canapé-lit. Déplié, il occupait toute la pièce, comme un radeau. Ils s'étaient allongés, avec la délicieuse sensation d'être des naufragés, leurs cheveux dégoulinant sur leurs épaules. Franco Rossetti avait sorti de sa besace (tricotée et colorée comme celle d'une fille) un exemplaire gondolé de *Carmina* de Catulle. Il s'était mis à lire des passages auxquels on ne comprenait rien – et certainement pas Franco, qui n'avait jamais étudié le latin – mais les vers prononcés à voix basse donnaient une légère fièvre, surtout quand l'on regardait furtivement le pendentif de Franco. Le soleil pénétrait par le vasistas, zébrant les corps. C'était comme une longue dérive, une force invisible qui les emmenait au large.

Charlotte avait eu l'impression – un battement d'aile dans sa poitrine – qu'ils seraient heureux, tous les quatre, qu'ils ne se quitteraient jamais. Elle avait senti un fourmillement, l'envie de manger un fruit ou d'embrasser quelqu'un, n'importe qui, sans doute Franco. Tandis qu'il lisait d'une voix rauque, les yeux baissés, une veine tressautait dans son cou de façon aléatoire, comme si elle évacuait par réflexe des pensées inconvenantes.

Puis, ils étaient allés se changer dans la salle de bain, tous les quatre, et Franco Rossetti avait sorti une bouteille d'alcool à 90° de l'armoire à pharmacie. Il l'avait renversée dans le lavabo, dans la baignoire, puis avait enflammé les flaques translucides avec son Zippo. Les filles avaient regardé les flammes – elles s'élevaient, rapides, claires comme du jaune d'œuf – avec un sentiment de puissance et de jubilation.

Toutes les choses dont on ne parlait pas se consumaient là, sous leurs yeux. Toutes ces choses insensées qui avaient lieu, et qui demeuraient suspendues dans les airs. Les filles qui se rendaient chez des tricoteuses à Lausanne et se vidaient silencieusement dans leurs fuseaux de ski, pendant des jours et des jours. Les filles qui rentraient à pied chez elles, au petit matin, après avoir été déflorées sur la banquette d'une voiture. Les garçons qu'on ne voyait plus (ils étaient tombés dans la drogue, ne savaient plus comment ils s'appelaient, s'étaient jetés par la fenêtre). Les femmes qui buvaient et n'étaient plus invitées aux dîners. Les hommes qui revenaient hors saison, dans les plus beaux hôtels de la station, accompagnés de créatures trop maquillées, des jeunes femmes qui portaient les mêmes manteaux de fourrure que leurs épouses – juste un peu plus neufs, ou un peu plus voyants –, et que le personnel faisait semblant de ne pas reconnaître. Les fantômes, ces inconnus familiers et volatilisés, les valises d'argent passées à la frontière dans le coffre, les roues de secours, sous les sièges, les passeports conservés dans la poche en permanence, au cas où il faudrait fuir, à l'aube, dans la montagne. Et puis, ces Italiens dont on ne savait pas où ils étaient pendant la guerre, ou même parfois des membres de sa propre famille, auxquels on n'aurait jamais posé aucune question. On ne voulait pas savoir. Tant qu'on n'en parlait pas, les choses n'existaient pas. On aurait dit que l'équilibre du monde, ou même sa survie, en dépendait.

Les flammes dévoraient tout : le petit manteau de Charlotte souillé à la cave. Le short en coton blanc que Chris portait le jour du lac. Les chemisiers des dames blanches qui s'asseyaient quelquefois, la nuit, sur votre lit pour vous effleurer les cheveux. Les lettres anonymes dont les trois C ne parlaient jamais. Elles s'étaient juste regardées, leurs yeux écarquillés, en les tenant entre leurs doigts, dans leurs chemises de nuit. La valise d'été de Claudia, tous ces vêtements minuscules qu'elle portait pour allumer les garçons. Les pull-overs rêches de Charlotte. Ses chaussures orthopédiques. Le Montblanc laqué de Claudia. Les cendriers pleins de mégots fumés par les vieux beaux qui payaient des verres à Chris, leurs pantalons, qui se tendaient sous la table, les serviettes en papier qu'ils passaient sur leurs cous moites. Et les culottes tachées de sang des filles qui revenaient de Lausanne.

Désormais, il y avait le ventre de Claudia. Il semblait porter en lui toutes les fautes des filles de Crans-Montana. Et il ne cessait de grandir, grandir, se dilatant comme une bulle proche de l'explosion.

Franco

Quand il la croisa, en décembre 1977, dans les rayons du supermarché de la Grand-Place dont il était désormais responsable, Franco Rossetti ne ressentit rien.

Il reconnut Claudia aussitôt – de loin, sa silhouette longue, mélancolique, ses cheveux blonds, remontés en chignon lâche, très haut sur son crâne, ses taches de rousseur, cette constellation si particulière, dont il nota froidement, comme un scientifique, qu'elle semblait s'être étendue sur tout le visage. Elle portait un manteau de vison, qui descendait jusqu'aux chevilles (« plus de cinquante mille francs suisses », se dit-il, mécaniquement) et des bottes montantes en cuir. Ses boucles d'oreille, inouïes, en forme d'ailes, entièrement pavées de saphirs et de diamants, semblaient prêtes à se déployer, et à l'emporter dans les airs. Les pierres scintillaient dans sa rétine. Il détaillait la fourrure – épaisse, luisante, qui faisait ressortir la blancheur de la peau, comme éclairée par un projecteur –, et une voix, ironique, cruelle, chuchotait dans son crâne : « Tu ne ressens rien, Franco. Absolument rien. » La voix répétait et il constatait, vaguement surpris, soulagé peut-être : Rien, Rien. RIEN.

Les années précédentes, sept, exactement, il avait été poursuivi par son image d'une façon étrange. Elle lui apparaissait sans prévenir, alors même qu'il menait une vie indolente et sensationnelle. De 1969 à 1975, en « saison », il avait travaillé à l'hôtel Beauregard, comme voiturier, mais aussi comme homme à tout faire, celui à qui l'on peut confier les missions les plus délicates, ce qui lui avait ouvert un univers fabuleux. Au départ, il avait surtout voulu s'éloigner de son père, qui semblait suivre le mouvement inverse des parents ordinaires et suivait ses allées et venues avec une suspicion croissante, lui demandant des comptes, à lui, Franco, qui gagnait de l'argent depuis l'âge de sept ans, en livrant les clients à vélo, ou en trottinette, un kilo de pommes de terre, ou une truite, trois ou quatre centimes de pourboire. Mais cela lui avait surtout permis d'accéder à un monde feutré, un monde où, pour des raisons qu'il ignorait – mais qu'il avait cessé d'interroger depuis longtemps –, tout le monde semblait rechercher sa présence. On l'attendait à l'hôtel. Il voyait les regards quand il pénétrait dans le hall et qu'il s'ébrouait, les cheveux et les épaules pleins de neige. On glissait un billet, une grosse coupure souvent, dans la poche de son veston. On discutait de la vie de la station. Franco Rossetti savait que les hommes n'aimaient rien plus que d'avoir la sensation de mener la vie locale. On s'approchait, avec des petites mines, en regardant par en dessous, ou au contraire en le fixant avec défi, et on finissait par s'approcher si près qu'il pouvait sentir un souffle dans son cou.

Il était comme un fils prodigue, ou un amant rêvé qui mène une vie exotique.

Franco Rossetti conduisait des voitures fabuleuses : Aston Martin, Maserati, Porsche 930, Lamborghini Countach, jaune, propriété d'un Autrichien habillé en combinaison assortie. Il adorait enfiler ses gants noirs que lui avait offerts une Milanaise de quarante-trois ans –, elle l'avait sucé dans l'ascenseur, lui causant une gêne proche de la panique, gêne qui s'était volatilisée à l'instant même où il avait vu la trace de rouge à lèvres sur son sexe. Il roulait avec assurance sur les routes verglacées, poussant les bolides comme des animaux sur un territoire dangereux, inadapté.

C'était peut-être son uniforme noir qui lui donnait l'air d'un play-boy, ses cheveux longs, les cernes sous ses yeux. Ou ces voitures, qu'il conduisait mieux et plus vite que leurs propriétaires ? Ou encore l'air de la montagne, cet air coupant, aigu, qui réveille les corps et lui donnait une mine splendide. Quoi qu'il en soit, les hommes adoraient Franco Rossetti et les femmes penchaient leur visage vers lui comme des fleurs vers la lumière.

Il y avait ce couple d'Américains, Max et Susan Havemeyer, qui avaient appelé leur pékinois Franco en signe d'affection. Certains auraient été embarrassés qu'un chien, petit et laid, se caractérisant principalement par sa fascination pour les parties génitales, porte leur prénom, mais certainement pas Franco qui se contentait de repousser l'animal en riant de bon cœur. Il y avait les sœurs Azoulay, Barbara, Agnès et Sonia, qui se faisaient appeler Barbie, Baby et Sultane, qu'il rejoignait l'été, sur les plages de la côte d'Azur. Il y avait les Parisiennes, Chris, Charlie, et leurs copines, chez qui il débarquait le week-end, chargé de cadeaux, du Toblerone, des forêts-noires couvertes de sucre glace, des diaphragmes. Il y avait les mères de ses amies : Italiennes en renards réversibles dont s'échappait le parfum morbide de la naphtaline – à Milan, elles portaient leur fourrure du côté de la doublure, dans la crainte des militants communistes qui les attaquaient avec des bombes de peinture aérosol –, Parisiennes, excessivement sophistiquées, portant des ensembles assortis à leurs sacs, à leurs escarpins – leurs talons faisaient des trous minuscules dans la neige, comme les traces d'un moineau ou d'un rouge-gorge.

Alors qu'il avait des petites amies, qu'il était amoureux parfois, Claudia continuait de lui apparaître. Sans qu'il réussisse jamais à saisir ce qui provoquait le souvenir, parfois alors même qu'il était avec une autre. Avec Cécile Roche, allongée nue sur son lit, et ses seins qui semblaient dériver sur son torse, leurs mamelons beiges, raffinés et obscènes. Avec Sylvie Bach, qui rougissait en ouvrant les boîtes de « chiacchere », ces bugnes italiennes que Franco lui offrait, comme si personne n'avait jamais eu si délicate attention. Avec Aude – Aude Koutzevitch ! – tandis qu'ils fumaient de la marijuana, allongés dans l'herbe, et que sa combinaison pantalon bleue, sous laquelle elle ne portait rien, se fondait dans le ciel. Il monterait la voir à Paris un nombre incalculable de fois, entre 1973 et 1976, et, à une certaine période, il avait réellement pensé qu'il l'épouserait. Et puis elle avait avorté, et ensuite ils étaient devenus comme frère et sœur, ou des complices qui aimaient se défoncer. Elle s'était fait à nouveau avorter. Les années suivantes, elle le ferait cinq ou six fois, il serait là, presque à chaque fois, à l'attendre en bas au café, elle réapparaissait soudain, derrière la porte vitrée, livide, avec un sourire bravache.

Au début, il avait eu l'impression de ne jamais penser à Claudia ou à peine. Il lui avait écrit, une seule fois, en décembre 71, une carte postale illustrée de la piste des Violettes, qu'il avait choisie car on avait remplacé le point du « i » par un cœur, élan sentimental qu'il avait regretté à l'instant même où il avait glissé la carte postale dans la boîte aux lettres, devant le Sporting. Mais elle n'avait pas répondu, et de toute façon, la saison avait commencé, et il avait d'autres préoccupations. Cet hiver-là, il se disputait sans cesse avec son père, et les affaires étaient tellement prospères que l'on ne pouvait penser à rien d'autre qu'à répondre à la demande des touristes qui réglaient leurs courses avec des billets de cinq cents francs suisses.

Puis les filles avaient été de plus en plus nombreuses, de plus en plus insistantes. Elles venaient au magasin sous tous les prétextes, achetaient des Malabar ou des lotions intimes, leurs poitrines menues gonflées de soupirs. C'était comme une marée qui avait fini par tout recouvrir, et les contours de son adolescence étaient devenus flous comme du sable mouillé, et avec elle le souvenir de Claudia.

Et puis soudain, l'année suivante, il s'était mis à la voir partout. Cela arrivait souvent sur la route, au volant de la camionnette. Lorsqu'il conduisait au petit matin, et que la brume remontait de la vallée, enveloppant le paysage d'un nuage opaque. Ou durant les nuits d'été, alors qu'il roulait dans l'obscurité, ses phares éclairant les herbes, les prairies de boutons-d'or, et que les étoiles semblaient descendre jusque sur le capot.

Soudain, elle était là. Elle marchait lentement, sur le bord de la route, ses longs cheveux phosphorescents déployés dans son dos. Sa peau était baignée d'une flaque de soleil, ou doucement éclairée par la lune flottante, comme une auto-stoppeuse fantôme. Elle se retournait, Franco Rossetti clignait des yeux, ses muscles se tendaient, ses mâchoires lui faisaient mal, ensuite ; la seconde suivante, elle avait disparu.

Cela se passait aussi quand il était avec des filles. Soudain, son visage se superposait à leurs visages, leurs yeux maquillés étaient les siens – gris, troubles, comme ceux d'une créature aquatique –, leurs sourires devenaient élastiques, leurs lèvres s'écartaient et c'est son sourire à elle qui apparaissait, éclatant, avec ses dents à elle – larges, brillantes comme de la porcelaine, reconnaissables entre toutes.

Cela lui arrivait à l'épicerie quand la clochette de la porte tintait, et qu'une famille s'engouffrait à l'intérieur. Il avait l'impression de les voir, ses horribles parents, son frère, et elle, dans leur ombre – elle n'avait pas toujours le même âge, quelquefois minuscule dans son manteau blanc, cheveux courts, quelquefois jeune fille, jupe écossaise, queue de cheval –, une image fugace qui lui coupait la respiration. Puis ses yeux faisaient le point, et il voyait s'approcher un couple de Suédois, ou de Suisses allemands, avec leurs enfants adolescents, maussades, pâle, si pâle reflet des Maggiore.

Et pourtant, ce jour-là, le lundi 19 décembre 1977 en fin de matinée, alors qu'elle se tenait devant lui dans l'air glacé du supermarché, il ne ressentait rien.

Il remarqua ensuite la petite fille, cinq ou six ans peut-être, mais dans un second temps, au moment même où il sentit le froid qui remontait de l'étal des poissons, saumons sauvages brillants dans la glace, congres noirs. Claudia la tenait par la main. Mêmes cheveux blonds, mêmes yeux bleus, un peu plus sombres peut-être. Elle était emmitouflée dans un manteau de lapin et regardait au loin, les boules de Noël, ou les poissons morts. Il se dit alors, avec toujours cette étrange absence d'émotion, comme un observateur indifférent : « Tiens, ça doit être l'enfant qu'elle a eu avec cet Italien. »

Enfin, Franco Rossetti vit l'homme à leurs côtés. Il lui sembla qu'un temps infini s'était écoulé avant qu'il prenne conscience de sa présence. Il nota le chariot, ses yeux identifièrent par habitude les caisses de Moët et Chandon, quatre.

Claudia avait souri, un sourire d'automate, comme s'il était adressé à une caméra, ou à une glace, et d'une voix mondaine, dénuée de naturel, elle avait dit : « Franco, voici Jacques, mon mari. »

À la fin de cette journée, son père le gifla dans la pièce froide où étaient entreposés les stocks. Il le gifla pour une raison absurde, une erreur de quantités dans les livraisons, ou peut-être un retard du transporteur – rien dont Franco pût être tenu pour responsable –, probablement juste parce que l'hiver 77 était commercialement extraordinaire, et qu'il devenait complexe de gérer les flux. La tension était insoutenable, même si le magasin, inondé de lumière artificielle – guirlandes, ampoules clignotantes –, irradiait la chaleur réconfortante d'une église. Ou peut-être était-ce la culpabilité qui s'insinuait dans le cœur du père de Franco, alors que les caisses enregistreuses ne suffisaient plus à contenir les billets, ces liasses, et ces liasses, qu'il glissait, parfois plusieurs fois par jour, dans des enveloppes de papier kraft, avec cette odeur, la graisse qui restait sur les doigts, même quand on les frottait avec une brosse et du savon. Ou était-ce les visages de ses vieux amis – mais avait-il seulement des amis ? – Marcel Schwab, propriétaire de la raffinerie de Bluche, ou André Barras, professeur de ski dont la clientèle était pourtant de plus en plus huppée – il donnait des leçons aux enfants de l'Aga Khan –, était-ce leurs visages, impassibles, silencieux lorsqu'il entrait à la Dent Blanche, et qu'il sentait leurs épaules se détourner imperceptiblement, les yeux plongés dans leurs verres ?

Ces années-là, on commençait à voir des photographes, les cheveux longs décolorés, devant les hôtels et les boîtes de nuit. Ils portaient des jeans moulant leurs cuisses, et arpentaient les allées enneigées en Santiags. Ils traînaient devant la librairie Jacky Bonvin, où les vedettes venaient acheter les best-sellers à la mode, ou à la patinoire de Montana, incongrus avec leurs blousons de cuir et leur air louche, pour shooter Sheila, son bonnet de fourrure blanche noué sous le menton, ou Lino Ventura qui jouait au curling. À la Rôtisserie de la Reine, on croisait Alessandra Mussolini, Alain Delon ou Brigitte Bardot, leurs visages se reflétant dans l'aquarium à langoustes, de la taille d'une baignoire, disposé au milieu de la salle. Gina Lollobrigida se promenait dans la grand-rue en manteau de zèbre, Venantino Venantini bronzait sur la terrasse de Bella Lui, en costume, devant une croûte au fromage. Les jeunes filles portaient de la zibeline, leurs jambes étaient nues. Les Italiennes faisaient leur cinéma en tee-shirts Fiorucci moulants, Moon-Boots dorées. Sur les hauteurs, des bétonnières et des grues travaillaient sans cesse à la construction de résidences secondaires, ultra modernes et luxueuses. Dans la vallée, on avait surnommé Crans-Montana « la station de toutes les putains ».

Franco Rossetti regarda cet homme qui l'avait frappé, avec une force surprenante – il se souviendrait avoir noté la puissance de sa main, mais comme l'on se fait une réflexion sur les fantaisies de la nature – et ne bougea pas. Il avait presque trente ans (vingt-sept exactement, depuis le 12 décembre, mais il avait depuis longtemps la sensation d'en avoir quarante), et son corps, que personne, personne, n'avait jamais frappé, resta parfaitement immobile. Il se sentait étrangement calme. Ce n'est que plus tard, lorsqu'il s'engouffrerait dans la grand-rue, et que le vent lui fouetterait le visage, qu'il sentirait ses joues en feu, et son col roulé, trempé sous les aisselles.

Franco nota que les lèvres entrouvertes, tremblantes, de son père, ressemblaient étrangement à celles de Jacques Savrier. Des dents minuscules, bien rangées, surtout celles du-bas, qui ressemblaient à des cailloux polis. Ce fut la réflexion qui le traversa. Il y repenserait souvent, ensuite, quand l'un ou l'autre des deux hommes lui sourirait. À chaque fois, il ressentirait une démangeaison dans son dos, comme un frisson.

Cet hiver-là il revit Jacques Savrier très souvent. Il portait toujours la même pelisse noire, doublée d'astrakan, qui lui donnait l'air d'un homme puissant, ou dangereux. Son visage était maigre, et avec ses lunettes rectangulaires, il ne semblait pas tout à fait sorti de l'adolescence. Son sourire laissait une sensation étrange : on ne savait jamais vraiment s'il était jovial ou menaçant.

Il était souvent accompagné par la petite fille, cette troublante Claudia miniature, il la tenait par la main, lui achetait tout ce qu'elle souhaitait. Elle se prénommait Valentina, elle était incroyablement jolie, souriante et sérieuse, son petit front plissé par la concentration. En sa présence, Franco se sentait intimidé, il lui offrait des Sugus, comme il le faisait avec tous les enfants des clients, mais avec elle, c'était différent. Il aurait voulu lui passer la main dans les cheveux – *ces cheveux ! encore plus clairs que ceux de sa mère* –, l'emmener, il ne savait pas où, la serrer fort, il aurait pu lui briser les os, elle aurait continué de sourire, lui semblait-il. Il était décontenancé, et furieux. Où était Claudia, s'occupait-elle quelquefois de cette enfant qui lui ressemblait comme une photographie ?

Franco Rossetti finit par ressentir à l'égard de Jacques Savrier une sympathie secrète, non seulement parce qu'il consommait de façon démente – Franco estimait que l'on pouvait juger un homme à sa façon de claquer son argent –, mais surtout il avait la conviction qu'ils partageaient une certaine solitude. Chacun à leur façon, ils naviguaient dans un monde dont ils connaissaient les codes sans lui appartenir, ils étaient des *parvenus*. Ils étaient familiers de l'ombre, d'un certain goût de la manœuvre. La Mercedes noire de Jacques Savrier portait l'énigmatique plaque CD, *corps diplomatique*. Il venait, quelquefois, accompagné d'hommes en costumes, avec à leur bras des créatures aux longues jambes grêles et à l'accent étranger, et son sourire évoquait la satisfaction du pouvoir. Franco Rossetti aimait leur présence, il prenait quelquefois l'apéritif en leur compagnie au 1900, où l'on parlait bas, dans des fauteuils en cuir, comme à New York. Ils évoquaient leurs « affaires » dans des termes vagues, et désinvoltes, ce que Franco Rossetti considérait comme de l'élégance. Un jour, Jacques Savrier était venu au supermarché accompagné d'un ami ministre de Côte d'Ivoire, ou peut-être était-ce du Gabon. Ils avaient acheté pour mille francs suisses de fromage à raclette, trois tomes de huit kilos, de la taille d'un pneu. Franco se souviendrait aussi de cette soirée, où Jacques Savrier, éméché, sans ses lunettes, ce qui lui faisait un visage étrange, avait raconté ses souvenirs de Libreville, comme les serpents minute dans les cinémas ou cet homme qui s'était fait dévorer sous ses yeux par un requin-tigre.

Des années plus tard, quand le scandale éclaterait, que les amis de Jacques Savrier se détourneraient aussi vite qu'ils s'étaient épris de lui, de ses fêtes costumées, de son chalet somptueux de plain-pied sur le golf – le plus beau de la station, surnommé l'Archéoptérix en raison de l'oiseau préhistorique aux ailes déployées gravé sur la façade –, Franco Rossetti serait l'un des seuls à continuer à le regarder dans les yeux, et à le saluer avec chaleur, au milieu de la grand-rue. Il ne croyait pas ce que l'on racontait ; la fraude, les magouilles africaines, les mallettes pleines de fric. On disait qu'il louait un appartement, près de Lausanne, pour recevoir ses « amis africains » où l'on croisait la nuit des filles en talons aiguilles. On racontait qu'il était responsable de la présence de Jacques Foccart, dans la station, en décembre 82 ; on les avait aperçus en peignoir, à la piscine de l'hôtel Royal.

Et quand bien même, quelle importance ? Qui ne voulait pas gagner de l'argent, à cette époque-là ? Qui pouvait prétendre à la transparence ? À Crans-Montana, tout le monde avait quelque chose à cacher – des fantômes, des comptes bancaires, un passé – et tout cela reposait dans le silence, sous la neige qui s'étendait à l'infini devant l'Archéoptérix.

Franco, lui, aimait rendre des services. Cela avait commencé par les cadeaux qu'il emportait lors de ses virées à Paris, des branches de chocolat Cailler, des pull-overs courts Westaway rapportés de Londres qui se portaient juste au-dessus du nombril. Son expédition la plus spectaculaire avait consisté à transporter dix kilos de caviar dans le coffre de sa Morris pour le mariage de Barbie Abzoulay, quatre cents invités sur l'île du Bois de Boulogne. Le lendemain, ils étaient descendus à Saint-Paul-de-Vence, tous les trois dans la voiture dont les portières tenaient avec du gros scotch, Barbie, en chemise de nuit, et son jeune époux sur la banquette arrière, Franco au volant. Huit heures de route, puis ils avaient nagé en sous-vêtements dans la piscine de la Colombe d'Or, et Franco Rossetti était remonté dans la Morris. Dans le rétroviseur, enroulée dans une serviette éponge, Barbie envoyait des baisers de la main.

Peut-être était-ce aussi le frisson du danger, cette tentation de la transgression ? Le monde lui appartenait, il traversait sans regarder et aimait bronzer nu dans les criques. Il pensait quelquefois à Hollywood – il s'y voyait, pourquoi pas ? –, il pensait à des tournages dans le désert, à des filles qui lui épongeaient le front. Il conduisait des voitures de sport qui ne lui appartenaient pas, dont on lui confiait les clés avec une délicatesse qui ressemblait à de l'amour, il les conduisait les yeux rivés au compteur, l'aiguille montait, montait, la neige éclaboussait le pare-brise, les pneus glissaient sur le verglas, il aurait pu foncer ainsi jusqu'au bout du monde.

Franco Rossetti n'avait peur de rien, il aimait s'amuser, plus encore sans doute il aimait que les autres s'amusent. Cela lui donnait l'impression que la vie avait un sens, ce qui n'était pas toujours certain, surtout en fin de saison, quand le brouillard humide remontait de la vallée, et que la station sombrait dans la torpeur ou la dépression.

En 1979 – ou peut-être était-ce en 1980 ? Ou 1981, après les élections ? – alors qu'on faisait de plus en plus la fête, que l'argent était partout – on voyait des billets de mille francs suisses, la poudre apparaissait sur les tables de nuit – Franco Rossetti sentit monter en lui une inquiétude : pour la première fois de son existence, il lui sembla percevoir la vulnérabilité de ses amis, et, par extension, celle du monde. Il y avait dans l'air une tension, quelque chose qui tenait de la conspiration ou de la colère. On parlait à voix basse dans les bars des hôtels, on commandait des gin tonic, en combinaison de ski, en balayant la salle d'un regard inquisiteur. Les noms des propriétaires étrangers se mirent à disparaître des boîtes aux lettres des résidences, remplacés par des initiales ou des numéros d'appartement. On avait peur d'être sur écoute. Les conversations tournaient autour de la dévaluation du franc, de ces salauds de Mauroy et Mitterrand (que l'on prononçait « Mittrrand », en insistant sur les r), de leur politique de pauvres. Franco se souvenait du silence qui avait suivi l'annonce fanfaronnante de Chris, presque couchée sur la table, dans sa minirobe asymétrique, au réveillon de 1981 : « Eh bien moi, j'ai voté socialiste, et je vous emmerde. » Cela avait fait rire Franco, mais il se foutait de la politique. Édouard de Montaigne semblait affolé (« deux mille francs en devises étrangères autorisés pour l'année entière ? C'est quoi ces conneries ? »), et Franco l'écoutait, se disant que c'était sans doute toutes ces années sans argent de poche, passées à taxer des cigarettes ou deux balles pour un chocolat, qui avaient développé une telle obsession pour le fric. Et puis il y avait Patrick Saincère, de plus en plus nerveux depuis qu'il avait épousé la fille d'un magnat de la presse qui ressemblait à un petit oiseau furieux. Son mariage semblait exalter ses instincts sanguinaires. Il était pris de fureur, contre les serveurs, les automobilistes, n'importe qui, presque chaque fois qu'il sortait en compagnie de son épouse. Elle détestait la montagne. Crans-Montana était, aux yeux de Patrick Saincère, le dernier refuge. Aux yeux des autres aussi, Serge Chubowska, Robert Alazraki, Daniel Vidal, tous ses amis d'autrefois qui commençaient étrangement à ressembler à leurs pères.

C'est à cette époque-là que Franco Rossetti se mit à passer la frontière, sa Morris bleu clair bourrée d'argent, son allure délabrée constituait une couverture parfaite. Il souriait aux douaniers qui le laissaient toujours passer, avec un signe de la main, et ce en dépit de son visage bronzé qui lui donnait l'air d'un gigolo et de la fumée de cigarette qui donnait la sensation qu'il conduisait dans le brouillard. Mais, ces années-là, tout le monde passait la frontière avec des chargements clandestins. Côté suisse, devant la baraque en bois qui ressemblait à une maison de conte de fée, il n'y avait jamais aucun problème – on aurait dit que ça leur faisait plaisir – mais côté français, les flics étaient nerveux, on apercevait des revolvers accrochés au ceinturon, on racontait que les chiens étaient dressés à renifler l'encre des billets de banque – même pas la drogue –, que les chauffeurs de taxis transportaient des liasses dans des jerricans, ou une roue de secours. Les Italiens repartaient avec des cartouches de cigarettes, de la tomme de Savoie, de l'Abricotine, n'importe quoi, juste pour le plaisir de sourire aux douaniers, le coffre bourré à craquer.

Mais ce que Franco Rossetti préférait, c'était passer l'argent à ski. Il donnait rendez-vous à ses amis français à Avoriaz, de l'autre côté de la vallée, dans un restaurant d'altitude. Ils se retrouvaient pour manger une fondue, on riait un peu trop fort, Franco vidait un verre de Fendant, filait aux toilettes, fourrait les billets dans son slip, ses chaussettes, dans toutes les poches de sa combinaison. Puis il chaussait ses skis, la lumière de l'après-midi éclaboussait les verres de ses lunettes de montagne, et il filait en slalomant, cette godille qui faisait tourner les têtes des filles, appuyées sur leurs bâtons de ski, buste en avant.

Il traversait la frontière, juste en haut des pistes de Champéry. Dans les télécabines il jetait l'argent dans un sac poubelle, et, tandis que l'air s'engouffrait par la vitre grande ouverte, il sentait, à chaque fois, monter en lui comme un shoot, une extase. Ces jours-là, les filles devaient sentir quelque chose : il sortait boire un verre au Club et elles s'approchaient, ondulant comme des chats. Il faisait toujours l'amour ces jours-là.

Mais, quelquefois, il avait l'impression d'être un fil électrique nu. Lorsqu'il croisa Claudia, par exemple, pour la deuxième fois, au supermarché. Il la vit de loin, peut-être même d'encore plus loin que la fois précédente – même manteau, mêmes bottes – mais cette vision ne lui fit plus du tout le même effet. Cette fois-ci, à l'instant même où il aperçut ses cheveux (détachés), il sentit une sueur froide, dans sa nuque, dans tout son dos, et lorsqu'il prit sa pause pour fumer une cigarette dans le local, une tache humide maculait son tee-shirt, juste au-dessus du nombril.

À force de la rencontrer – il tombait sur Claudia sans cesse, on aurait dit qu'elle passait sa vie à faire des courses – il avait fini par réaliser, avec stupéfaction, que cette chaleur dans ses mains, cette pression sur ses tempes, étaient l'expression de sa colère. Quand il l'apercevait, c'était comme une décharge qui circulait à toute vitesse dans son corps, il avait envie de s'approcher, et de faire quelque chose, de l'embrasser, ou de la frapper, ou les deux à la fois, et alors, il se raidissait et la saluait avec une froideur qui pouvait ressembler à de l'indifférence, espérait-il, mais elle ne semblait s'apercevoir de rien, elle était là, et absente en même temps, elle lui souriait, comme à n'importe qui.

Claudia avait toujours été insaisissable, mais, durant leur adolescence, rien n'était plus émouvant que de passer une soirée au cinéma avec elle : elle y entrait généralement de mauvaise humeur, il y avait trop de monde, ou elle voulait voir le film en version originale – ce qui n'arrivait jamais, mais ne manquait pas de la décevoir à chaque fois, comme si elle le découvrait – et puis à l'instant où Monica Vitti apparaissait à l'écran, elle serrait la main de Franco – ces doigts graciles, comme ceux d'une enfant, dans sa paume – et son cœur se déchirait tandis que la pellicule se reflétait dans ses yeux.

Il fallait ensuite passer des heures à rejouer les scènes, il était impossible de l'arrêter. Quand Franco essayait de l'embrasser, elle lui rendait distraitement son baiser, ses lèvres continuant de rejouer la scène, sur un ton lugubre, comme son idole, et à ce moment-là, il aurait tout donné pour la sauver, eût-il fallu pour cela la séquestrer pour l'éternité. Elle était un incorrigible cœur d'artichaut, et il l'avait vue sortir avec les garçons les plus stupides, et les plus arrogants de la station, qui finissaient toujours par la laisser tomber.

Il n'avait jamais réussi à coucher avec elle, mais il n'avait pas non plus vraiment essayé, tant il lui semblait que leur lien était autre, une sorte de communion mystique, et puis, de toute façon, elle ne semblait pas vraiment intéressée. Franco Rossetti avait l'habitude des filles qui envoient des signes et Claudia n'était pas de celles-là : ces filles aux lèvres entrouvertes, qui, dans n'importe quelle situation, dans le hall de l'hôtel Beauregard par exemple, debout à côté de leurs parents, avec leurs après-skis, vous envoient des messages silencieux, les yeux mi-clos. Claudia dansait le twist comme personne, elle avait les plus jolies jambes qu'il eût jamais vues, d'incroyables petits pieds – il se souvenait de sa douleur quand, à la piscine, elle avait retiré ses chaussettes de tennis, et qu'ils étaient apparus, bronzés, cambrés – mais quand on la prenait dans ses bras, c'est comme si elle s'absentait, elle fixait le mur en crépi, ou quelque chose dans le lointain, et elle attendait poliment qu'on en finisse.

Claudia avait fini par coucher avec tout le monde, et maintenant, elle était là, avec cette petite fille dont elle ne semblait savoir que faire, comme un fantôme très bien habillé. Elle parlait avec cette voix qu'on ne lui connaissait pas. Il aurait voulu qu'elle soit morte.

Franco avait le sentiment qu'elle l'avait trahi, ce qui ne cessait de le surprendre, lui qui comprenait si bien la faiblesse et la superficialité. Mais bien qu'il essayât, des années durant, de se raisonner, rien n'y faisait. Elle devint de plus en plus belle, ses joues semblaient chaque année plus creuses, ce qui faisait ressortir son ossature splendide. Puis elle se coupa les cheveux – un carré flou, méché qui lui donnait l'air d'une comédienne à la mode – mais bon Dieu pourquoi avait-elle fait ça ? Et décolorés en plus, ce blond californien qu'elles avaient toutes. Durant l'été 80, il la reconnut à peine. Elle était assise, en bermuda, à la terrasse du Sporting, ses jambes bronzées, si fines, tendues devant elle. Elle avait les yeux fermés, son visage dirigé vers le soleil, et Franco avait réalisé qu'elle s'était fait refaire le nez. Elle était somptueuse et méconnaissable, même si tout le monde prétendait qu'il exagérait, elle n'avait pas tellement changé.

Il refusa presque toutes les invitations de Jacques Savrier – Claudia, elle, ne l'invitait jamais –, mais lorsqu'il passa en début de soirée au chalet, sans vraiment savoir pourquoi, il passa son temps à fumer sur le balcon, en fixant l'horizon, la neige à perte de vue, dans laquelle il aurait voulu s'enfoncer. Il regardait les convives par la baie vitrée, comme dans une vitrine éclairée – des femmes très maquillées, en robes moulantes, des hommes en cols roulés, qui se déplaçaient seulement pour suivre leurs hôtes, Jacques, une bouteille de champagne à la main, Claudia, dans une robe fuchsia, pieds nus. Il la fixa un instant, sa bouche qui s'ouvrait dans des éclats de rire artificiels, et il frissonna dans son blouson de cuir – il l'avait ressorti ce soir-là, comme une protection, mais il grelottait – et il eut une révélation. Claudia avait disparu, elle était morte, ou se promenait quelque part, sur le golf, dans le blizzard, perdue dans le vent. De la même façon que la petite fille ingrate, et déchirante, avait un jour, d'un seul coup, comme par magie, été remplacée par la jeune fille à la chevelure féerique, de la même façon, la jeune fille avait été chassée, brutalement, par cette beauté typique des années 80, cet animal créé de toutes pièces. Sans même saluer l'assemblée, il quitta la soirée par la terrasse, s'enfonçant dans la nuit, avec la neige qui crépitait doucement, comme de méchants éclats de rire.

Franco reprit sa vie insouciante, et retrouva une certaine liberté, et même ce jour de 1986, lorsqu'il la trouva sur le pas de sa porte – il ne la croisait presque plus depuis des années –, le rimmel dégoulinant, le cou bleuté par les mains de Jacques Savrier devenu fou, selon ce qu'elle lui expliqua, en lançant des regards égarés derrière elle, comme une démente, il demeura insensible à ses pleurs, à ses yeux qui avaient repris le gris délavé de son enfance. C'était peut-être son mariage avec Margerita Leopardi, une amie Italienne qu'il avait épousée pour lui obtenir la nationalité suisse, faveur qu'elle rémunérait en cadeaux aussi démesurés que clinquants, briquet en or gravé à son nom, montre chronomètre qui pesait comme un lingot à son poignet, costumes Armani, qui l'avait durci. Ou peut-être était-ce la vie qui semblait doucement se rétrécir, ou la cure de désintoxication – huit mois au Nouveau Mexique, des cailloux et de la poussière à perte de vue – qui lui avait ôté en même temps le goût des substances chimiques et du romantisme. Il ne bougea pas, pas même intérieurement, et lorsqu'elle s'agrippa, tentant de l'embrasser, son rouge à lèvres étalé sur ses joues comme si elle avait pris un adorable coup de soleil, Franco la repoussa, plus fort qu'il ne l'aurait souhaité. Il lui prépara un grand bol de café, lui posa un châle sur les épaules, et sortit de la pièce téléphoner à Jacques Savrier.

Quelquefois, mais de plus en plus rarement, l'un des amis parisiens, Daniel Vidal ou Serge

Chubowska, évoquait Claudia, avec un clin d'œil ou un sourire interrogateur, et Franco se raidissait, son visage devenait dur. « Ça m'est passé », disait-il.

On l'avait retrouvé un matin, en janvier 1988, recroquevillé dans ses toilettes, la tête posée sur la lunette, torse nu, le visage étonnamment apaisé. Les causes de sa mort demeurèrent floues, mais sans doute voulait-on ne pas savoir. Les derniers temps, il déclarait avoir pris sa retraite ou être en congé invalidité, mais alors qu'il passait désormais la quasi-totalité de ses journées au café, personne n'avait plus vraiment la patience d'écouter ses divagations sur le renouveau spirituel de l'humanité.

À Crans-Montana, on ne vit jamais autant de monde à un enterrement, des femmes en pleurs, se mouchant bruyamment, délestées de toute pudeur, des embouteillages de voitures splendides, dont certaines klaxonnaient bruyamment comme des jeunes gens ivres après une fête. Ce jour-là, tout le monde avait une anecdote à raconter, pour prouver qu'il était l'ami de Franco Rossetti, et les femmes se mirent à boire – il fallut refaire plusieurs fois du punch, qu'on servait dans des gobelets en plastique. Elles racontaient qu'elles avaient couché avec lui, et Margerita Leopardi, en combinaison pantalon noire, transparente, servait des sandwichs, en souriant à travers ses larmes.

Mais jusqu'au bout, c'était Claudia que Franco avait vue, la nuit, dans ses rêves, et quelquefois le jour aussi, quand le temps s'était mis à se fondre dans le brouillard. Une jeune fille aux cheveux blonds voletant dans une poussière blanche, comme des cristaux scintillants ou du talc, éclairée de lumière, qui faisait glisser la baie vitrée, en chemise de nuit, des ailes scintillantes aux oreilles, et s'évaporait dans la neige.

Chris

Quand Chris pensait à la longue nuit que constituaient les années 80 (qui passèrent aussi vite qu'un battement de paupière, une paupière vert émeraude, ou bleu électrique), c'était toujours la même soirée qui lui revenait à l'esprit. Les images étaient si précises qu'elle avait l'impression de les toucher du doigt. Il y en avait eu beaucoup pourtant des soirées, déguisées, arrosées, réveillons dingues, nuits de Noël qui finissaient au matin dans la neige, une luge qui se renversait comme un canot instable ou dans un combat mou de poudreuse, poignées précipitées dans le col d'une chemise, ou le décolleté d'une robe trop épaulée. Des flocons fondaient sur les lèvres maquillées.

Mais, chaque fois qu'elle se souvenait des années les plus folles de sa vie, ces années où elle portait des ongles longs comme sa soif de vivre vite, comme si elle savait que cela ne durerait pas, et qu'un jour tout cela s'évaporerait, ne laissant qu'un sentiment de perte, comme lorsque, avec le dégel, le sol se dérobait sous vos pieds dans une bouillie de boue et de pierres, à chaque fois qu'elle y pensait, c'était toujours la fête africaine, donnée par Jacques Savrier et Claudia, le 31 décembre 1982, qui surgissait dans la mémoire de Chris.

Vivre avant quoi ? se demandait-elle quelquefois, Avant la déroute ? L'évaporation de l'idée même d'un avenir ?

Cela lui arrivait rarement, c'était quand elle avait trop bu, qu'elle se réveillait en nage dans la nuit, quand les pensées les plus sombres remontaient soudain à la surface, incontrôlables.

Chris avait passé toute la journée à Paris à se faire maquiller de noir, de la tête aux pieds, à se faire tresser les cheveux, des dizaines de nattes minuscules, dressées sur sa tête comme du crin. Il avait fallu trouver un institut spécialisé dans les effets spéciaux pour le cinéma, plusieurs jours de recherche. Puis, avec George, ils avaient pris l'avion jusqu'à Genève. Son mari avait mis un casque colonial – elle se souvenait de la tête des passagers, ça les faisait rire, tous les deux – et c'était étrange de réaliser qu'elle se souvenait parfaitement de sa tête avec ce casque, la bride qu'il avait resserrée sur son cou, et qui avait laissé une marque sombre, inquiétante, alors qu'elle ne se rappelait presque rien de leur vie commune. Il lui semblait si curieux, lorsqu'elle regardait ses enfants, de se dire qu'elle les avait faits avec lui, mais même eux, ses enfants, finalement, lui semblaient des inconnus, ils évoluaient dans une sorte de brume froide, inaccessibles.

Maquillée de noir, Chris avait laissé des traces noires sur le cuir crème de la banquette arrière de la Mercedes. Elle aimait raconter qu'elle avait traversé le pays, en taxi, couverte de cirage – une chose impossible, désormais, dans cette époque paranoïaque. Elle en parlait avec une sorte de fébrilité dédaigneuse, comme le souvenir d'un temps où s'amuser était une manifestation d'élégance, mais elle avait fini par y renoncer, depuis que sa fille avait marmonné, à table, avec cet air supérieur qui la caractérisait depuis qu'elle avait quitté son enveloppe trompeuse de fillette – oh ses boucles adorables ! Ses petites mains tendues pour un baiser, le soir, dans son lit ! – et qu'elle était devenue cette jeune fille perpétuellement excédée :

« Eh bien, t'en avais du temps pour toutes ces conneries. »

Chris se souvenait avec mélancolie, comme un goût métallique, lorsqu'elle était entrée en boubou de soie, dont le turquoise faisait ressortir sa peau noire, dans le chalet transformé en jungle. On avait installé dans le salon des plantes grasses, des ficus, des palmiers dont les feuilles se déployaient comme des parasols, sous lesquels gloussaient des jeunes femmes tandis que des spots éclairaient la neige, derrière la baie vitrée. Une foule insensée, clinquante, s'entassait sur les canapés, dans une chaleur épaisse, nimbée de fumée de cigarette. Les images étaient inouïes, décadence splendide. Des serveurs passaient en costume blanc, des plateaux en argent dansaient dans les airs : caviar – bien entendu, il y avait toujours du caviar, Claudia en raffolait, des montagnes de caviar dans lesquelles on plongeait des cuillères à soupe –, foie gras, cocktails aux reflets chimiques. Elle se souvenait d'un sentiment de joie et d'immortalité. Quand Chris croisait son image dans le miroir qui dominait la cheminée, elle avait un instant de surprise et d'admiration, fixant cette beauté sombre dont les yeux brillaient, semblables à du verre. À cette époque, elle était toujours étonnée face à son reflet, cette femme qui n'était plus une adolescente, ses joues envolées, ses paupières un peu plus tombantes, mais cela ne durait qu'un instant, et quand elle souriait, elle retrouvait exactement l'expression de sa jeunesse, l'avidité et l'innocence. Elle se sentait en sécurité, même si son passeport était dans son sac, comme chaque jour, et ce jusqu'à la fin de son existence, ainsi que ses parents lui avaient appris. Sa vie était, elle en avait l'intuition, sur le point de basculer vers quelque chose de merveilleux, quelque chose d'impalpable et de doux comme l'ivresse du champagne. Car, ces années-là, tout était possible, n'est-ce pas, absolument tout.

Elle revoyait Jacques Savrier en tenue de mercenaire, veste camouflage, gibecières de cartouches autour d'un torse menu, ses verres miroir dissimulant son regard. Elle se souvenait de cet homme trapu, Mobutu en toque léopard, qui tenait en laisse un singe en peluche. Une Noire, *une Africaine !*, en robe panthère, jambes comme des crayons, qui collait son visage à la fenêtre brillante, le regard fixé, au loin, sur la montagne. Elle se souvenait de Charlie, pieds nus, ses longs cheveux déployés jusqu'aux hanches, ces cheveux, c'était ridicule, elle refusait de les couper, comme une petite fille. Enroulée dans un paréo Eres, avec des boules de Noël rouges, suspendues aux oreilles, dans lesquelles se reflétaient les visages, déformés, bouches immenses, yeux étincelants.

Et Claudia, Claudia, bien entendu. Claudia qu'elle adorait – elles riaient toutes les deux comme jamais elle n'avait ri avec personne – et dont la beauté lui sautait au visage, à chaque fois. Elle n'avait jamais été jalouse de quiconque de toute sa vie, mais avec Claudia, même lorsqu'elles se levaient au milieu du dîner, comme deux adolescentes excitées, et qu'elles filaient dans la salle de bain, dessiner des papillons autour de leurs yeux, couvrir leurs paupières de paillettes, ou leurs lèvres de rouge assassin, et qu'elles semblaient de parfaits reflets, l'une brune aux yeux noirs, l'autre blonde aux yeux bleus, Chris sentait la piqûre de l'envie, comme un point de côté, ou un doigt enfoncé dans son estomac. Cela ne durait qu'une seconde, une ombre qui s'évanouissait en un frémissement, un mouvement de cils, mais cette sensation avait le goût du poison. Chris était toujours angoissée avant un dîner à l'Archéoptérix. Elle se changeait et se changeait encore, son cerveau fonctionnait à toute vitesse, tandis que ses mouvements se désynchronisaient, robes passées les unes après les autres, dans des gestes saccadés qui lui semblaient se dérouler au ralenti. Elle chassait ses enfants, irritée comme elle ne l'était jamais, une partie de son cœur broyée par leurs petits corps en pyjama. Mais rien ne pouvait l'apaiser.

À cette époque-là, tout le monde était fasciné par Jacques Savrier et Claudia. Leur chalet, leurs voitures, leur argent, bien entendu, cet argent qu'ils claquaient avec un naturel sidérant, sublime, comme si rien ne pouvait arriver, comme si le monde leur appartenait. Leur train de vie évoquait un futur flamboyant, et soudain, les familles bourgeoises, bien élevées, semblaient manquer d'envergure ou de courage, et même les Italiennes qui skiaient en combinaisons argentées, bandeaux de strass dans les cheveux, ressemblaient à des Barbarellas de pacotille. Ils montaient à Crans-Montana en Rolls bleu métal, intérieur gris, qui dérapait sur la neige, somptueuse et déplacée. En février 1983, quand eut lieu la plus violente tempête de la décennie, et qu'il neigea presque sans discontinuer durant une semaine, la station sembla disparaître de la surface de la terre, engloutie sous une masse compacte. Un ratrak mandaté par la voirie vint aussitôt déblayer la voie conduisant au garage de l'Archéoptérix, alors que la route avoisinante qui menait au Sporting, à la patinoire, et à la résidence Rainbow resta ensevelie, pendant des jours, sans que personne ne paraisse s'en soucier. Jacques Savrier recevait en smoking, et, près de vingt ans plus tard, Chris entendrait encore parler des langoustes et des homards qu'on livrait au chalet, vivants, dans des bacs en plastique remplis d'eau de mer. Les commerçants de la station appelaient Jacques Savrier par son prénom, et l'on racontait même que Catherine Weber, la propriétaire de l'hôtel Alpissima, s'était suicidée par amour pour lui. On l'avait trouvée dans la chambre froide de l'hôtel où elle s'était enfermée en manteau de fourrure, assise contre un mur, les genoux relevés sous son menton, et Chris avait conservé dans le tiroir de sa table de nuit la photo publiée par le *Journal de Sierre*, son visage bleuté par le froid, ses cheveux qui ressemblaient à la fourrure d'un animal empaillé. Tout le monde voulait être invité chez Jacques Savrier, et il était stupéfiant de voir ces hommes d'affaires, un cigare aux lèvres, s'extasier devant ses nouvelles baffles ou un lecteur de disques CD, comme des petits garçons. Il adorait offrir des bijoux insensés à Claudia. Soudain on voyait surgir un écrin, rouge, Cartier, ou bleu, Bulgari, à l'apéritif de préférence, Jacques le jetait sur la table, dans un geste désinvolte, et Chris sentait alors cette blessure, ces doigts dans son flanc. Elle se souvenait d'un soir où Claudia avait reçu un plastron en or, pavé de diamants et de rubis, qui pesait une tonne – il avait circulé de mains en mains –, et Chris avait eu l'impression qu'elle allait défaillir. Chris avait regardé les convives, qui se resservaient du champagne, avec leur sourire de circonstance malgré l'humiliation, ces pierres scintillantes comme l'expression de leur défaite, et soudain, Chris avait eu envie de quitter George, elle s'était levée, avait pris son manteau qu'elle avait jeté sur ses épaules sans prendre la peine de l'enfiler et avait quitté le chalet.

Le soir de la fête africaine, Claudia portait une chemise et un short en jean déchirés, une chaîne autour du cou. Chris se souvenait de ses deux diamants jaunes cinq carats qui scintillaient à son annulaire comme si elle n'avait pu se résoudre à les retirer. Presque dix ans passeraient avant qu'elle ne réalise que quelque chose se terminait ce soir-là, que la folie se déversait comme une flaque, Claudia allongée, sur la moquette, rampant, devant les convives, et cet homme en chemise kaki, qui avait fait mine de l'abattre avec une kalachnikov en plastique. Valentina, sa fille, dix ans, en robe de chambre fleurie, un masque de lion sur la tête, souriante, allumait les Muratti de sa mère, le visage rougi par la fièvre ou l'amour. Quelquefois, Claudia glissait la cigarette entre les lèvres de la fillette, puis lui passait une main délicate dans les cheveux, et Valentina restait de marbre – ce sourire, énigmatique, qui ne ressemblait pas au sourire d'une petite fille –, Valentina, ses cheveux blonds tressés, ses mains posées sur ses genoux joints.

Presque quinze années plus tard, Chris tentait de se raisonner. Qu'aurait-elle pu faire ? N'avait-elle pas passé des après-midi entiers, au chalet, à attendre que Claudia se lève de son lit et vienne la rejoindre dans le salon ? Mais elle ne se levait jamais. Claudia la laissait là, devant la télévision, avec Jacques qui buvait du whisky, et ce silence pesant. Elle ne prenait même pas la peine de lui téléphoner ensuite. N'avait-elle pas été la seule à continuer de sourire franchement, ce soir de Noël où Claudia s'était levée toutes les heures, pour aller se changer ? Il y avait eu une robe longue drapée, absurde, puis successivement deux robes Valentino, identiques, l'une rouge, l'autre noire. Elle se souvenait des mines embarrassées des invités, veules, par en dessous. Elle avait été la seule à regarder Claudia dans les yeux, à lui envoyer des baisers, en plissant sa bouche, sa cigarette se consumant entre ses doigts. Et quand Claudia s'était mise à se faire retoucher, d'abord le nez, puis les seins et les paupières, alors qu'elle n'avait pas encore trente-cinq ans, Chris avait fait semblant de ne pas s'en apercevoir, lui trouvant des excuses, comme lorsqu'elle avait fêté ses trente ans, plusieurs années de suite, trois ? quatre ?, et que les autres femmes, moins drôles, moins spectaculaires, se mirent à lui demander son âge, de façon insistante, déplacée.

À la même époque, Charlie avait commencé à se prendre terriblement au sérieux. Elle avait cet air contrarié, ce pli qui barrait son front, et elle restait là, à observer les gens. Quand on lui adressait la parole, pour lui demander de ses nouvelles ou l'inclure poliment dans la conversation, elle vous dévisageait un instant, comme si elle était stupéfaite de la stupidité de votre remarque. Un soir de réveillon, à la Rôtisserie de la Reine, elle s'était levée brusquement, renversant sa chaise, dans un geste mélodramatique qui ne lui ressemblait pas – elle était la seule à être venue en tailleur pantalon, comme si elle allait à un entretien d'embauche, elle qui n'avait jamais travaillé. Elle avait quitté la table, juste après que Jacques Savrier eut souhaité à l'assistance « une année pleine de zéros ». Chris avait éclaté de rire et pourtant, Dieu sait qu'elle avait eu envie de la frapper.

Comme toujours, Charlie regardait les autres fixement, avec ses grands yeux qui ne cillaient pas. À une époque, on racontait qu'elle prenait de l'héroïne, peut-être en raison de ses absences, de plus en plus fréquentes. Au milieu des soirées, elle disparaissait dans les toilettes, s'enfermait parfois jusqu'à ce qu'on oublie sa présence. Le soir, elle était de moins en moins maquillée, elle ressemblait à une jeune fille pieuse, et même si elle dansait quelquefois, petits pas gracieux, paupières closes, sa chevelure déployée sur son torse comme un rempart, personne n'osait plus l'approcher. Depuis son divorce, rapide, brutal, d'un acteur italien que l'on disait homosexuel, Charlie semblait avoir renoncé à la vie. Même si elle prétendait être parfaitement heureuse, elle saignait du nez dans les dîners, comme lorsqu'elle était adolescente, quand un garçon lui parlait d'un peu trop près. Soudain, un filet sombre dégoulinait sur ses lèvres, elle ne bougeait pas, on aurait dit qu'elle quittait son corps. Le garçon tendait une serviette de table, ou un pan de sa chemise, et elle ne semblait pas s'en apercevoir, le regard dirigé vers une autre dimension, et ce chagrin noir qui coulait, coulait, comme un torrent, de plus en plus épais.

Il y avait eu de nombreux signes, se dirait Chris, ensuite, durant ces journées où elle-même ne réussissait plus à se lever, et qu'elle demeurait repliée sur son lit, habillée d'une robe chaussette, ou d'un blazer doré, qu'elle avait enfilé dans une sorte d'énergie factice, il y avait eu de nombreux signes.

Chris se rappelait une autre soirée au Pacha, le night-club de Crans-Montana : à l'époque, tout se passait pendant les fêtes, ou du moins la nuit, c'était comme si le reste du temps n'existait pas, il se déroulait, mécanique, sans relief. C'était l'été 84, et ce soir-là, elle avait pris de la cocaïne, ce qui ne lui arrivait presque jamais, mais quelqu'un en avait posé sur la table, entre les bouteilles, avec leurs noms inscrits au stylo noir, comme au temps de leur adolescence, et elle avait senti remonter cette soif familière – et violente, tellement violente – de plénitude, ou peut-être de désintégration. Elle avait aussitôt eu mal au cœur, une envie de vomir. Giovanni était là, splendide mais si maigre. Il ne semblait pas sensible à sa présence, comme toujours, penché sur la drogue mais il avait déplacé ses longues jambes pour la laisser passer.

À cette époque, il vendait des montres de luxe, et des diamants, de provenance obscure. À la moindre occasion, il les sortait de la poche de son blouson en mouton retourné, avec une précision de dealer, et George, à côté, ressemblait soudain à un type gros et vieux. Alors Chris repensait au lac, à ses profondeurs opaques, elle entendait le chuchotement du vent sur la rive, entre les joncs, comme des voix moqueuses, et elle sentait les algues sur ses jambes qui l'attiraient vers le fond, et elle se débattait, mais il n'y avait rien à faire que se laisser glisser. Elle était sortie prendre l'air – cette sensation de suffocation – et, accroupie derrière une voiture, elle avait aperçu au loin Charlotte dans les bras d'une jeune fille, sa bouche dans ses cheveux, une main sous sa jupe, une voiture avait ralenti, phares orange éblouissants, puis, elles s'étaient volatilisées, disparues dans la nuit, fondu au noir. Chris avait senti le froid sur ses jambes qui remontait jusqu'à son ventre.

Il arrivait encore qu'elles se retrouvent toutes les trois comme avant, quand elles se préparaient, par exemple, le soir, serrées dans une salle de bains, dessinant une tête de mort sur leurs visages, ou peignant leurs lèvres au pinceau, penchées vers la glace comme pour l'embrasser, leurs visages se dessinant dans un reflet mordoré, auréolées d'une odeur de laque et d'électricité. Pour la soirée

« Saloon », elles avaient glissé des billets de banque dans le décolleté de leur body à paillettes, porté sur collants et talons hauts, rien d'autre. Lors du réveillon 83, elles avaient construit un igloo, en robes du soir et moon-boots, devant le chalet – des heures passées dehors, la neige qui tombait sur leurs cheveux, elles avaient fini trempées jusqu'aux os – sur lequel Claudia avait lancé des seaux d'eau, faisant craquer la fermeture éclair dans son dos. Bouteille de dom Pérignon vidée au goulot, joues rouges, leurs rires comme des nuées dans la nuit.

Entre elles, il y avait des secrets, comme des bulles renfermant un liquide amer, des regrets, et malgré l'énergie qui circulait alors, quelque chose se rétrécissait. Quand Chris avait fini par lâcher prise, elle aussi, et que la vie avait semblé s'éteindre, d'un seul coup – c'était arrivé presque du jour au lendemain, comme une migraine après une fête, qui ne s'était plus dissipée – il lui sembla que leur jeunesse s'était dissoute, à la façon des comprimés effervescents qu'elle regardait fondre dans l'eau, ces milliers de bulles qui jaillissaient, vibrantes, vers la surface, un feu d'artifice pétillant et puis, plus rien.

C'était comme leurs mariages, à toutes les trois. Ils s'étaient déroulés dans un songe, à la fois familier et étrange, dont elles n'auraient été que des figurantes, des silhouettes faites de fumée. Chris y pensait souvent dans son lit, ce lit qui était devenu son monde, comme un bateau, ou une île, paquet de Marlboro rouges, téléphone sur l'oreiller, avec ce fil tendu qui évoquait l'espoir obsédant de recevoir un appel, exactement comme les filles qui pleuraient dans les bras de son frère, à l'époque.

Elle n'aurait pas su dire pourquoi elle s'était mariée, peut-être parce que tout le monde voulait sortir avec George et qu'il y avait toujours de grandes brunes qui s'approchaient de lui, sur la piste du Rex, rue de Trévise, où il l'emmenait danser. Il l'embrassait dans la rue, lui disait « on se voit demain ? », et comme une branche dans le courant, Chris avait fini par se déshabiller dans sa voiture – une Alfa Romeo Giulietta blanche, elle se souvenait de ses fesses sur le siège en cuir.

Elle rentrait, au petit matin, et personne ne semblait se soucier de savoir d'où elle venait. Vingt ans plus tard, alors que rien de cette époque ne s'était inscrit dans sa mémoire, elle se revoyait passer, ses chaussures à la main, dans la pénombre du double séjour, et soudain, lui revenait le regard – qui, de loin, était noir, accusateur, mais qui, lorsqu'on s'approchait, devenait doux et rieur – des jeunes filles, en photos noir et blanc, ravissantes, les cheveux bouclés, comme les siens, qui l'observaient, dans des cadres en argent. Elle voyait ces cadres depuis toujours, sans jamais s'arrêter, une armée de jeunes filles, dans des cadres ouvragés, de différentes tailles. Sa mère lui avait dit, un jour, de façon vague, et lointaine, « oui, là, c'est moi, et mes cousines ». Ces deux cousines, dont Mara Breitman ne dit jamais rien à sa fille, pas même leurs prénoms. À chaque fois que quelqu'un évoquait la guerre devant Chris, elle ressentait une sorte d'affolement, comme si on allait soudain l'interroger, lui poser des questions auxquelles elle ne saurait répondre. Quelque chose de sombre et de diffus circulait dans ses veines, et les yeux des jeunes filles sans prénom lui revenaient plus tard dans la nuit. Elles battaient des paupières et elles murmuraient des mots inquiétants, comme un froissement de papier.

« Nous sommes parties, mais nous sommes là... Tu n'as pas de passé, tu n'as pas d'avenir. Pas de passé, pas d'avenir, pas de passé, pas d'avenir, pas de passé, pas d'avenir... »

De la même façon, des pans entiers de la vie de Claudia s'étaient évaporés. D'un seul coup, elle était apparue au bras de Jacques Savrier. Elle l'avait rencontré à un dîner à Crans-Montana, il était diplomate et vivait à Genève, et c'était tout. Personne n'avait jamais posé de question. Elle l'avait épousé en 1975, sur une pelouse aux bords du lac Léman, dans une robe verte spectaculaire. Elle traînait sur l'herbe, comme une excroissance végétale, une algue déployée. Chris se souvenait de la robe, du chignon lâche de Claudia, et de cette petite fille blonde, alors âgée de quatre ans, qui appelait Jacques Savrier « papa », avec les invités, qui souriaient en dodelinant de la tête. On aurait dit que l'assistance dans son ensemble approuvait, et enterrait le passé, dans un grand trou, là-bas sur la pelouse humide, en buvant du champagne. Quand elle y repensait, Chris sentait l'humidité du lac, et elle entendait les cris des mouettes, déchirants, presque macabres, mais elle était bien incapable de savoir si elle les avait réellement entendus ou si son imagination les avait créés, comme tout le reste, avec le temps.

Quant à Charlie, son mariage était encore plus fantomatique, puisqu'elle était rentrée de Toscane avec une bague en or en forme de serpent et une photo. On y voyait un couple souriant, bronzé, habillé de blanc, mais le soleil était si éblouissant que leurs silhouettes se fondaient dans le ciel, comme deux apparitions. Son mari, qui s'appelait

Angelo Venturini – personne ou presque ne s'en souviendrait –, était reparti sur le tournage d'un film de Dario Argento, *Suspiria* ou *Rosso Profondo*, mais l'on ne trouva pas sa trace au générique. Charlie revint donc à Crans-Montana, mariée et solitaire.

Quelques mois plus tard, quand des rumeurs se mirent à circuler sur les « assistants » de son mari, tout le monde fit semblant d'avoir oublié, et la bague en serpent disparut, elle aussi, d'un jour à l'autre. Lorsque Charlie se fit couper les cheveux, deux ans plus tard, Chris vit là le signe d'une résignation, ou d'un veuvage. Comme s'il n'y avait plus de raison de perdre son temps avec la vie.

Il y avait eu pourtant des années extraordinaires, des années où les maris restaient des figurants et où le passé allait être englouti par quelque chose de plus grand, de plus beau, un ailleurs éblouissant. À la soirée africaine, il y avait dans l'air cette excitation qui précède les crues ou les révolutions.

Les invités étaient saouls et maquillés de noir, hormis quelques hommes en pull-overs, et une blonde en pantalon de velours mauve. Chris adorait cette sensation de ne pas reconnaître l'assistance. Elle avait dansé avec un Massaï qui fumait un cigarillo, et son élégance l'avait troublée, mais peut-être était-ce le champagne. À cette époque, les soirées se déroulaient selon le même scénario, les images surexposées basculaient brutalement dans le brouillard, sons étouffés, mémoire blanche. Il était si facile alors de se dire que ce dont on ne se souvenait pas avec exactitude n'avait peut-être jamais eu lieu. Qui s'en souciait de toute façon ?

Étrangement, elle se rappelait avec une netteté parfaite le moment où il lui avait tendu une cigarette. Il avait souri comme un adolescent, et c'est peut-être ce sourire, se dit-elle ensuite, qui fut la cause de tout. Elle ne l'avait pas reconnu alors qu'il n'était même pas déguisé : il portait une chemise raffinée, un pantalon sur mesure, et ses cheveux plaqués en arrière avaient été travaillés au sèche-cheveux. Il lui avait demandé, d'un ton amusé que contredisait son regard : « Tu te souviens de moi ? Serge Chubowska. » Il avait allumé son briquet. Un briquet en or, « un briquet de femme », s'était-elle dit et elle le lui volerait plus tard, l'allumant sans fin dans son lit, hypnotisée par la flamme. Les murs de sa chambre se rapprochaient de plus en plus et paraissaient prêts à l'engloutir.

Sur le moment, Chris se sentit flattée, il était beaucoup plus beau qu'avant, elle se rappelait un garçon apprêté, avec des traits flous ou peut-être était-ce parce qu'il lui était alors insignifiant. À présent, c'était un homme, avec des poches sous les yeux, des sillons sur les joues, comme s'il connaissait la souffrance. Serge Chubowska, lui, se souvenait de tout. Il parlait avec agitation, lui décrivant ses robes, les accessoires de son adolescence : *porte-cigarette en étain, bracelet en ambre, ou en plastique, bottes blanches à franges,* avec une précision stupéfiante. Chris riait, heureuse, comme si on lui avait fait une bonne surprise, coquette et coupable de ne pas pouvoir répondre à sa question et à ses yeux implorants : « Tu ne te souviens pas vraiment de moi, n'est-ce pas ? »

« Mais si Serge, bien sûr, je me souviens. » Son rire était haut perché, suspendu, comme appartenant à quelqu'un d'autre, une jeune fille penchée au-dessus de son épaule.

Quand Chris se demanderait, bien plus tard, comment elle avait pu en arriver là, cette apathie que l'on avait qualifiée de « dépression nerveuse », ce serait toujours ce moment d'inconscience qui lui reviendrait. Elle revoyait aussi, comme un film au ralenti, le salon transformé en piste de danse ou en plage exotique, où elles évoluaient toutes les trois, Charlie, Claudia, qui avait ôté sa perruque noire, et dont la peau maquillée tranchait avec ses cheveux blonds, et elle, sur de la disco italienne, pieds nus sur le parquet, orteils laqués. Le temps était comme un élastique, distendu et innocent. Innocents, les invités qui devaient s'allonger dans la chambre à coucher, divaguant, avec, près de leur visage, un seau en plastique, le même que l'on utilisait pour faire les bonshommes de neige. Innocent, ce banquier, une relation d'affaires de Jacques, en complet militaire, un poupon rose au creux de son bras, badigeonné de sang artificiel. Il répétait, sûr de son effet, surtout aux jolies femmes, et il y en avait alors : « L'empereur Bokassa se nourrit exclusivement de sang de nourrisson », et, après un instant de surprise, elles éclataient de rire, un rire délicat, comme un torrent d'eau fraîche. Innocents, les invités qui souriaient, en contemplant les enfants, petits animaux de la savane penchés sur la table basse. Ils avaient vidé le fond des coupes de champagne et avaient fini par tomber, dans un canapé, ou la tête sur la table basse, d'un seul coup, abattus de fatigue. Il y avait ses propres enfants Zoé, masque de zèbre, Vincent, déguisement d'éléphant en feutrine, qu'elle avait elle-même confectionné. Plus tard, ils diraient : « c'était Tintin au Congo » comme si tout cela devait être pris au sérieux, comme s'ils étaient tous coupables et elle en particulier. Elle les revoyait, leurs yeux brillants, leurs cheveux fins dans lesquels elle avait toujours envie d'enrouler ses doigts, ses enfants à qui elle donnait tout, même le frisson de la transgression, et qui, plus tard, la poignarderaient au moment où elle avait le plus besoin d'eux.

Pieds nus, Chris avait fumé sur la terrasse. Elle se souvenait de la neige scintillante, éclairée par les spots, elle l'entendait craquer, comme des brindilles. À l'intérieur, les invités dansaient, silhouettes chamarrées, qui s'appuyaient contre le bras des hommes ou leur poitrine, ces peaux noires qui transpiraient, révélant, çà et là, des éclairs de peau blanche, comme un secret ou une vulnérabilité. Derrière la baie vitrée, le silence et le vent faisaient ressortir la splendeur de la scène.

Chris s'était retournée, et soudain, une masse sombre avait surgi de la forêt. Elle avait traversé la plaine transformée l'hiver en piste de ski, dans une course gracieuse, puis s'était immobilisée, au milieu de l'étendue blanche. L'animal l'avait fixée, un instant, et même de très loin, Chris avait senti ses yeux posés sur elle. Elle avait tiré sur sa cigarette. La bête ne bougeait pas, le cou dressé, ses longues jambes se découpant sur l'horizon. Cette image lui reviendrait sans cesse comme la preuve qu'elle ne faisait rien de mal, comme une approbation de l'univers.

Quand Serge Chubowska avait fait glisser la vitre, dans un coulissement silencieux, elle s'était écriée « un chevreuil ! un chevreuil ! Là-bas ! » d'une voix de petite fille, elle qui n'en avait rien à foutre de la nature, et ensuite, elle était dans ses bras. Elle se rappelait ses mains froides dans son dos et cette sensation de replonger dans l'eau du lac, mais une eau fraîche, translucide, où des bancs de poissons minuscules l'encerclaient, dans un tourbillon argenté, un rideau scintillant qui la dissimulait aux yeux du monde.

Que pouvait-on lui reprocher ? Son optimisme ? Son envie d'être heureuse ? se demanderait-elle, dix ans plus tard, dans cet étrange état, mêlant agitation et apathie. Tout allait extrêmement vite, les pensées, les images, tout défilait en bande accélérée et pourtant elle était allongée, pendant des jours dans sa chambre à coucher, paralysée.

Les garçons

Le jour de l'accident, notre vie, notre vie à tous, prit fin. Appelez-le comme vous le souhaitez, le désespoir, la sidération, la douleur, mais, nous, nous ne pourrions dire autre chose : c'était la fin de notre vie, aussi mélodramatique que cela puisse paraître. « Mais de quelle putain de vie on parle ? » s'était exclamé Patrick Saincère, dans un élan tragique, ce qui fit relever la tête à Serge Chubowska, et ricaner Daniel Vidal, un rire de méchante petite fille, mais nous étions dans un état second, et chacun de nous eut des réactions singulières ce jour-là. Cela n'avait aucune importance, nous nous en foutions, tout était terminé.

Le 12 février 1990, il y avait eu un accident de voiture. C'était arrivé dans la nuit, sur la route qui reliait Crans-Montana à la vallée. Claudia, Chris et Charlie. Nous ne savions rien, ou presque, juste une voiture, qui avait dérapé sur le verglas. Sans que personne n'ait prononcé le moindre mot, sans que nous n'ayons aucune information, des images d'impact, de gyrophares et de sang défilaient dans nos têtes et nous sentions quelque chose se vider à l'intérieur de nous. Ce matin-là, personne n'était encore mort. Pourtant, nous savions que cela ne faisait que commencer, nous savions que tout allait partir en morceaux, que les nouvelles seraient de plus en plus inaudibles et que nous allions sombrer, chacun à notre tour.

Nous nous étions téléphoné dans la matinée, les uns les autres, et, alors que certains d'entre nous ne s'étaient pas parlé depuis des mois, l'information circula comme un éclair et chacun comprit, raccrocha le combiné, resta silencieux, avant de composer un autre numéro, dans un geste précis, concentré. Chacun savait exactement ce qu'il avait à faire, comme après un cataclysme, une avalanche ou un tremblement de terre, lorsqu'on fait soudain preuve de sang-froid, avec des mouvements mécaniques, même s'il est trop tard, et qu'il n'y a plus rien à faire.

Nous nous étions retrouvés au Sporting. Il n'était même pas 10 heures du matin, Serge Chubowska avait commandé une vodka, ce que nous ne l'avions jamais vu faire, même la nuit. Roberto Alazraki était arrivé en courant, il avait remonté les manches de sa chemise, on aurait dit qu'il courait au chevet des blessées, qu'il voulait soulever les corps, les emporter dans ses bras. Édouard de Montaigne avait débarqué en combinaison de ski. Il marchait de long en large, en tournant autour du billard français, parlant tout seul, comme s'il récitait des prières, et nous le suivions des yeux, suspendus. Daniel Vidal se touchait nerveusement le visage, et passait la main dans ses cheveux, qu'il portait longs, sans doute pour détourner le regard d'une calvitie naissante, ce qui lui donnait l'air d'une pop star fatiguée. Christian Grange pleurait, un long sanglot continu. Sa figure affichait les stigmates d'une maladie de peau ayant peu à peu rongé tout espoir de confiance en l'existence. Même Max Mollanger était là, sans que personne se souvienne l'avoir prévenu. Cela faisait si longtemps que nous ne l'avions vu que nous nous étions demandé qui était ce monsieur qui nous regardait avec ces yeux larmoyants. Puis quelqu'un avait dit « Salut Max » et Patrick Saincère lui avait donné l'accolade. Nous avions commandé une tournée de vodka, assis sur des tabourets de cuir, au milieu de la salle déserte du Sporting, où trônaient depuis la nuit des temps le piano, les micros sur pied, les tables rondes.

Nous étions restés là une éternité, comme si le moindre déplacement était impossible, sauf peut-être aller pisser – on entendait tout, derrière la porte battante, et c'était étrangement réconfortant. Sortir à l'extérieur, dans le vent et la lumière, nous semblait dangereux. Nous levions les yeux vers la fenêtre, dans le fond de la salle, et l'on voyait des flocons voleter avec une indécente douceur, et nous restions là, dans la pénombre, comme des éclaireurs autour d'un feu. Roberto Alazraki, qui était peut-être le seul à avoir gagné quelque chose avec l'âge adulte – son nez refait semblait un peu moins en plastique, et, contrairement à nous, il avait maigri –, se mit à parler de cette voix basse qui plaisait aux femmes apparemment, puisqu'il avait eu déjà trois épouses, chacune plus jeune que la précédente. L'avant-dernière avait essayé de se jeter par la fenêtre le matin du divorce, et pendant quelques temps, nous nous étions embrouillés dans les prénoms. Elles étaient Italiennes et s'appelaient

Carla, ou Carlotta, ou Sabrina, et lui-même ne semblait pas toujours savoir qui l'accompagnait. Il paraissait décontenancé, quand sa femme du moment lui posait la main sur le bras – elles avaient toutes cette manie étrange de le toucher pour manifester leur impatience, ou leur sens de la propriété. Roberto n'appartenait à aucune d'entre elles. Il se souvenait de cette soirée au Pacha où il avait croisé Claudia. C'était peut-être deux ou trois ans auparavant, elle était venue le saluer avec dans les yeux « le désir d'une amante ». À ces mots, Édouard de Montaigne, qui demeurait, sans doute, le plus exalté d'entre nous, avait saisi si brutalement la bouteille de vodka que nous avions sursauté. Claudia s'était approchée de lui, avec assurance, dans une robe pailletée et il s'était mis à transpirer. Elle semblait à peine plus âgée qu'à l'époque, cette peau irréelle, ces yeux voilés, c'était bien elle, mais, en même temps avec ses cheveux courts, ses lèvres maquillées, luisantes, « comme si elle les avait mouillées avec sa langue », ce n'était plus tout à fait la même. Elle semblait à jamais inaccessible. Il avait dû s'appuyer contre la paroi en miroir, où son reflet était plus féerique encore. Roberto Alazraki se rappelait qu'ils avaient parlé longuement, avec une connivence qui ressemblait à un rêve, mais le lendemain matin, il fut incapable de se souvenir de leur conversation. Les phrases s'échappaient comme du sable entre ses doigts, un tissu de mots dénué de signification. Il l'avait recroisée quelques jours plus tard, à l'arrivée d'un télésiège, mais lorsqu'il s'était approché, elle n'avait pas semblé le reconnaître.

Nous avions été soulagés parce qu'aucun de nous n'avait parlé à Claudia depuis plus de vingt ans. Si nous étions sincères, mais c'était trop difficile à ce moment-là, aucun de nous ne l'avait jamais approchée. Roberto Alazraki était un *Italien,* il avait toujours traîné avec nous pourtant il n'était pas tout à fait des nôtres. Il avait vécu à Tripoli, il avait cet accent qui donnait l'impression d'une existence plus douce et plus simple, ce ton assuré, un peu snob des Italiens du Nord, et sa peau luisante, comme gorgée de testostérone, évoquait des secrets érotiques. Mais il n'était pas des leurs non plus. Quand les Italiens le saluaient, en souriant, mais sans écarter les lèvres, avec une chaleur de façade, on sentait que Roberto Alazraki n'était pas assez élégant, trop oriental, trop angoissé. Même si, avec le temps, il s'était mis à leur ressembler, les Milanais de Crans gardaient leurs distances. Roberto était comme nous qui attendions toujours que cela commence. Mais quoi ? Nous n'en avions pas la moindre idée.

Pendant quelques heures, nous avions oublié qu'elles étaient là-bas, dans les limbes entre la vie et la mort, nous avions oublié leur sang qui coulait, leurs os brisés, leurs cœurs affaiblis. Chacun notre tour, nous avions raconté des anecdotes. Nous décrivions ces images gravées dans notre esprit avec une précision qui aurait pu nous surprendre, si nous avions pris le temps d'y penser, nous qui n'avions aucune mémoire de rien, et même si nous avions déjà entendu ces histoires des dizaines de fois, elles éclairaient nos visages. Soudain, nous avions seize ou dix-huit ans et nous reprenions les expressions de notre adolescence, nos cernes s'effaçaient, nos fronts étaient lissés, et même nos corps se redressaient, animés d'une fougue juvénile. Étrangement, nous n'évoquions pas les dernières années, ou même les dix, vingt dernières années, on aurait dit qu'elles ne comptaient pas, qu'avions-nous fait après tout ? Nous croisions dans la rue des jeunes gens qui auraient pu être nous, c'étaient nos enfants quelquefois, et nous avions, devant ces silhouettes familières, un instant de surprise : ils portaient des skis sur l'épaule ou fumaient devant la crêperie, et nous avions le sentiment d'avoir été dépouillés, trahis.

Bien entendu, nous avions croisé quelquefois les trois C. Chris continuait de porter, tout au long de ces années, ces jeans clairs et trop serrés, ce qui nous faisait mal. Les cheveux de Charlie raccourcissaient avec les saisons, dévoilant son visage paisible, désespérément juvénile, et Claudia portait toujours ces manteaux de fourrure insensés, érotiques. Mais à ce moment-là, déjà, nous ne fixions pas leurs images, elles avaient disparu. Quand nous les imaginions dans cette voiture, toutes les trois – *toutes les trois, ensemble !* – c'est les jeunes filles qui nous apparaissaient. Chris au volant, avec sa cigarette, Charlie en chemise d'homme, Claudia, en kilt à carreaux. Vitres baissées, leurs bras nus posés sur la portière, visages penchés à l'extérieur, leurs cheveux balayant leurs visages.

Dans l'après-midi, quelque chose s'était dénoué dans le déroulé du temps, sans doute était-ce l'alcool qui nous donnait le courage d'évoquer notre âge, sans doute était-ce la douceur de l'ombre et de la poussière suspendue, cette poussière qui flottait partout dans les chalets de Crans-Montana. Soudain, Édouard de Montaigne, qui travaillait dans le cinéma et que nous avions fini par mépriser en raison de son bronzage et des cigares qu'il allumait jusque dans les télécabines, avait dit : « OK, je vais vous le raconter, ça fait quinze ans, merde. »

Et nous nous étions redressés, Patrick Saincère, les yeux brillants, et Roberto Alazraki, ivre. Il avait glissé de son tabouret, se rattrapant à la table, dans un geste acrobatique qui ne nous avait même pas distraits.

En 1979, prétextant un rôle dans un film, Édouard de Montaigne avait fait venir Angelo Venturini jusqu'à Saint-Tropez, en avion privé. En prononçant ces mots, il avait ri, sans doute parce que depuis, sa propriété de Ramatuelle avait été saisie par le fisc, et qu'on avait vu dans la presse sa petite amie, un mannequin hollandais, au bras d'Eddie Barclay. Max Mollanger avait soufflé « c'est qui Angelo Venturini ? », mais ce fut bien le seul à poser la question. Si nous n'avions pas été si suspendus aux lèvres d'Édouard, nous lui aurions sommé de quitter la table, lui qui ne comprenait rien. Nous savions bien entendu qui était Angelo Venturini, et qu'Angelo Venturini avait été marié à Charlie, mais aucun d'entre nous n'aurait jamais eu le cran de prononcer le nom de ce type qui portait des bracelets tressés et des chemises en satin. Édouard de Montaigne l'avait fait venir, il ne pouvait pas vraiment s'expliquer pourquoi, et il levait vers nous des yeux innocents, comme s'il n'en revenait toujours pas. Il l'avait reçu, dans le parc de sa villa, au milieu des fauteuils en teck et des statues égyptiennes, comme on reçoit un frère, ou peut-être un ennemi, à qui l'on se prépare à donner le baiser de la mort. « Ce connard buvait mon champagne, fumait mes Cohiba, en slip de bain, et il avait l'air de trouver ça normal », disait-il, et, nous étions furieux, nous aussi, nos mains étaient moites. « Je voulais comprendre, comprendre ce qu'elle lui trouvait, comprendre ce que ce type avait de tellement spécial pour qu'elle l'épouse, comme ça, vous vous rendez compte, elle l'a rencontré en juillet, en boîte, à Stromboli, et six semaines après, elle était madame Venturini, comme une putain de groupie. »

Nous avions jeté un œil dans la direction de Patrick Saincère, qui était, officiellement, l'amoureux de Charlie, ce qui aurait pu sembler grotesque – *mais pas à nous, pas à nous !* –, puisque leur rencontre la plus significative avait consisté en un échange de regards, dans les toilettes des filles des Quatre cents coups, près d'un quart de siècle plus tôt. Il urinait dans le lavabo, de loin, éclaboussant le miroir, elle était dans la pièce, avait baissé les yeux une fraction de seconde sur sa bite mouillée, puis, levant un sourcil parfaitement dessiné, elle avait vérifié son reflet, somptueux et insondable, dans la glace, avant de ressortir, sans qu'aucun mot ne soit prononcé. Après toutes ces années, évoquer

Charlie en la présence de Patrick Saincère demeurait une chose compliquée, surtout depuis qu'on racontait qu'elle baisait avec des filles de l'âge de nos filles, ce qui semblait à la fois humiliant et terriblement excitant. Édouard de Montaigne ne semblait même pas s'en apercevoir, il était lancé et Patrick demeurait immobile et mutique, on aurait dit qu'il s'était affaissé de l'intérieur.

C'était au Byblos qu'Édouard de Montaigne avait fini par lui poser la question, en cette nuit de juillet 1980. Parce qu'il était tellement ivre, sa démarche pouvait paraître, sinon sensée, du moins romantique. Angelo Venturini n'avait pas semblé comprendre mais Édouard de Montaigne ne s'était pas démonté. Il avait répété en le regardant droit dans les yeux : « Je connais votre femme, vous savez. » Un instant, l'acteur avait eu l'air perdu, et puis, soudain, il avait extrait son portefeuille de la poche de sa veste, et jeté sur la table une photographie, éclaboussée d'une tache sombre, dont le coin gauche était replié sur lui-même. Il avait dit : « *Sei fortunato, io no l'ho mai conoscuita.* »

À ce moment-là, au Sporting, répétant sans doute le geste d'Angelo Venturini, dans un mouvement souple et théâtral, Édouard de Montaigne avait posé devant nous la photographie. Nous nous étions penchés, en retenant notre souffle, pour scruter cette jeune femme qui souriait à l'objectif en robe de coton blanc ouvragé, des fleurs dans les cheveux. « Ce sont des fleurs de lotus », avait précisé Édouard, et nous avions senti un chagrin remonter dans nos gorges, et le goût de la frustration se mêler à celui de l'alcool. Nous ne sûmes jamais comment il s'était procuré la photo, s'il l'avait volée ou si le mari la lui avait confiée, mais nous étions étrangement réconfortés qu'elle soit sur cette table : elle nous appartenait, cet épisode de la vie de Charlie était le nôtre désormais, juste un morceau de papier brillant. Apparemment, Angelo Venturini n'avait pas revu sa femme depuis ce mois d'août où il l'avait épousée, dans une robe mexicaine de western spaguetti. Soudain nous le trouvions sympathique, nous le plaignions sincèrement, tandis qu'Édouard de Montagne ajoutait, comme pour lui-même, en rangeant délicatement le cliché dans l'étui contenant son abonnement de ski : « En tout cas, c'était une tapette, ça c'est sûr. »

Patrick Saincère avait réagi de façon décalée, mais peut-être était-ce ainsi que nous fonctionnions tous, ces gestes qui survenaient toujours trop tard comme des coups de poing contre un adversaire qui aurait quitté le ring.

Cela se produisit après les aveux de Serge Chubowska. Serge avait défait sa cravate, dans un geste viril et désabusé qui semblait sorti d'une scène d'un film français de notre jeunesse, et il s'était mis à raconter, en fixant la table, son ahurissant secret.

Il avait eu une liaison avec Chris. *Une liaison. Avec Chris.* Les mots flottaient dans l'air, et nous étions conscients qu'ils étaient terribles, néanmoins leur signification était demeurée hors de portée pendant d'interminables secondes. Nous étions figés. Christian Grange avait cessé de chialer d'un seul coup pour se mettre à rire, mais les sons qu'il émettait n'étaient pas très différents, probablement parce qu'avec ses yeux exorbités et la peau de ses joues trouée comme la surface la lune, il était familier des trahisons de l'existence, et qu'avec le temps, ses émotions n'étaient plus que des facettes du chagrin.

Tout au long de notre adolescence, nous avions considéré Serge avec une sorte d'inquiétude et de méfiance, en raison des souliers blancs à lacets qu'il portait même dans la neige, de ses colères, et de son statut d'intellectuel. Sans doute avions-nous redouté qu'il fasse quelque chose de réellement exceptionnel, qu'il se mette à mener une vie de dandy, ou de terroriste, ou de jet-setteur avec Franco, dont il semblait proche comme un garde du corps, ou un amoureux. Nous avions été secrètement soulagés lorsqu'il avait cessé d'évoquer ses projets d'urbanisme en Israël – il nous montrait les plans de cités futuristes qu'il dessinait la nuit, lors de ses insomnies –, juste après son mariage avec Tania Arazi, une héritière qui passait son temps chez le coiffeur, dans le but apparent de lisser ses cheveux à l'infini. Il avait finalement fait fortune en développant un réseau autoroutier en Amérique du Sud, et, après la mort de Franco, s'était mis à accumuler des pièces précolombiennes, dérobées dans des sépultures chiliennes, et son appartement, avec toutes ces urnes et ces colliers funéraires exposés dans des vitrines, avait fini lui aussi par ressembler à un tombeau. Nous avions pensé que Serge Chubowska était mort, comme nous tous, et nous en ressentions un certain soulagement.

À l'enterrement de Franco, il avait prononcé un discours étrangement convenu, et ne cessait de se plaindre, en se servant de la sangria, du « buffet de salle communale », avec ce ton, le même que son père, et nous avions eu envie de lui dire de la fermer, mais nous n'avions rien dit, trop sonnés de chagrin, trop préoccupés par notre jeunesse. On aurait dit qu'on avait astiqué ce cercueil pendant des heures, dans cette obsession suisse de la désinfection, mais cela ne fonctionnait pas. Nous pensions tous au corps de Franco, à son foie gangrené par les substances chimiques, à ses organes génitaux qui devaient ressembler à des fruits secs, et les guirlandes qu'une âme désespérément sentimentale avait eu l'étrange idée de suspendre à l'entrée du crématorium évoquaient un monde joyeux et obstiné, ignorant son agonie.

Mais à cet instant précis, au Sporting, alors qu'il regardait le fond de son verre à vodka avec anxiété, Serge Chubowska était absolument semblable au jeune homme de notre adolescence, ce garçon qui portait une cravate pour descendre la piste noire de la Plaine Morte, et se mettait à sangloter sur les télésièges, rongé par la fatigue.

Il avait couché avec Chris. Pendant près de deux ans. Nous étions sidérés, et tandis qu'il parlait, sans jamais lever les yeux, nous pouvions entendre nos poumons se remplir d'air. Tout était stupéfiant, les rendez-vous à l'hôtel, des palaces toujours, où Chris adorait faire appel au room service, elle commandait un club-sandwich et du champagne, sa manie de dérober tout ce qu'elle pouvait, cendriers, bloc-notes, allumettes, et le grand cahier noir – *le cahier noir !* – que Serge avait conservé, et dans lequel il avait, pendant quelque temps du moins, recommencé à consigner des informations. Roberto

Alazraki avait passé une serviette en papier sur son visage, comme après une partie de tennis, et Daniel Vidal s'était mis à gratter la table avec son briquet, exactement de la même façon que nous le faisions à l'époque, sur les bureaux de nos salles de classe, plongés dans des rêveries sexuelles.

Bien que Serge Chubowska n'ait, en gentleman, donné aucun détail, ce dont nous lui étions reconnaissants, des images de Chris, allongée sur un couvre-lit en dessous sophistiqués jaillissaient sous nos yeux, et l'on pouvait entendre des soupirs. Alors que nous tentions de nous réconforter en songeant à celles qui n'étaient pas nos femmes que nous avions, un jour, emmenées à l'hôtel – surtout Daniel Vidal qui se vantait d'avoir « baisé dans toutes les chambres du Lutetia » –, Serge Chubowska avait déclaré : « et puis je l'ai laissée tomber ».

Il ne pouvait pas expliquer ce qui était arrivé, mais, après quelques mois à vivre la seule chose qui ait jamais eu de sens dans son existence, Serge Chubowska avait ressenti une lassitude, un sentiment d'inutilité. Il avait fini par ne plus répondre aux appels téléphoniques de Chris, qu'elle passait la nuit, de plus en plus fréquemment, suppliante et saoule, parfois quatre ou cinq fois de suite. Il l'imaginait, le téléphone collé contre la bouche, comme une petite fille avide, et il avait la sensation d'être avalé. Il ne pensait qu'à une seule chose : couper la conversation, ou plutôt le murmure à l'autre bout du fil, car il était incapable de dire quoi que ce soit.

C'est alors que Patrick Saincère s'était jeté sur Serge Chubowska. Il avait bondi de l'autre côté de la table, un saut gracieux, étonnant pour son âge s'était dit Max Mollanger, sans aucune autre émotion. Patrick Saincère l'avait entraîné au sol, et nous avions réalisé que nous n'avions jamais fait ce genre de choses, nous ne nous étions jamais battus, et alors même que nos forces commençaient à décroître, que s'installait insidieusement dans nos corps une fatigue, un essoufflement, alors que nous avions peur sur les courts de tennis, que l'on commençait à entendre des histoires de copains de classe morts, victimes d'un AVC, ou simplement dans leur sommeil, sans explication, nous réalisions que jamais nous n'avions éprouvé nos muscles ou nos pulsions, et maintenant, il était trop tard. Sans doute le corps-à-corps était-il réservé aux individus conscients d'être en vie ou à ceux qui pensent, de façon naturelle, que l'on peut influer sur le destin.

Nous les observions, les yeux vides, Patrick Saincère, le visage rougi, congestionné, qui répétait « Enfoiré, enfoiré » et Serge Chubowska, dont la tête cognait le parquet. Et le téléphone derrière le bar s'était mis à sonner, l'on avait appelé Édouard de Montaigne. Penché sur le comptoir, il avait saisi l'écouteur, hoché la tête. Nous ignorions qui l'appelait ici, et pour quelle raison c'était lui qu'on avait appelé. Son visage était devenu livide, et avant même qu'il ne prononce un mot, nous savions. Aucun d'entre nous n'aurait pu expliquer comment mais nous savions.

Nous savions qu'une fille était morte et nous savions laquelle.

Édouard de Montaigne avait murmuré, dans un souffle. À cet instant, nous avions explosé, une constellation d'atomes scintillants, ou de poussière, comme celle qui voletait autour de nous. Nous étions éparpillés dans l'espace, et, dans le même temps, nous n'étions plus qu'un cœur ou un trou noir.

« Claudia. »

Il y avait eu des articles, dans la presse régionale et même nationale, et l'on avait vu des photographies des trois C, dont nous ignorions l'existence.

Nous ne saurions jamais qui les avait prises, ou même qui les avait transmises aux journalistes. On les voyait en fuseaux de ski, Claudia, la figure dissimulée par une écharpe – ce qui fut considéré ensuite comme un sinistre présage –, et Chris et Charlie, la bouche ouverte, le visage légèrement penché en arrière. On retrouvait un portrait en particulier, dans tous les journaux : Claudia en bustier de velours noir, yeux mi-clos, boucles d'oreilles ailées, reflétant l'éclat du flash, comme deux petites déflagrations.

On y racontait tout et n'importe quoi, mais les informations essentielles manquaient. L'accident avait eu lieu dans la Golf GTI blanche de Chris (bien qu'il nous semblât logique que celle-ci fût au volant, un papier du *Matin* intitulé « La mort au tournant » évoquait un doute à ce sujet, et des témoignages contradictoires). C'était le troisième ou quatrième virage, à la sortie de Crans, sur cette route en lacets qui nous terrifiait depuis l'enfance et nourrissait nos fantasmes, avec ses croix sans inscription et ses panneaux indiquant des chutes de pierres. Nous nous souvenions de la terreur qu'elle nous inspirait, nos pères qui roulaient bien trop vite, la nuit, sur cette chaussée sans glissière de sécurité, nous attendions la mort à chaque virage. Nous détestions leur égoïsme, encore plus que d'ordinaire. Bien entendu, trente ou quarante ans plus tard, nous ferions exactement de même, comme si c'était la loi de la nature, et qu'au volant d'une voiture qui pue le cuir et l'opulence, les hommes se mettent à foncer, exaspérés par le silence de leurs épouses.

Les filles étaient allées plus loin : elles avaient dérapé, peut-être même avaient-elles volontairement foncé dans le vide, ainsi que l'assénait Max Mollanger, avec le même air illuminé qu'il arborait à l'époque de Françoise Dorléac : « Elles voulaient mourir, les mecs, qu'est-ce que vous croyez ? », comme s'il était un professionnel de l'industrie automobile, et que son incapacité à coucher avec des filles lui donnait une sorte de clairvoyance, un accès privilégié à leur psyché. Sur les photos, on voyait la Golf accidentée, suspendue dans les airs. La mauvaise qualité du tirage avait effacé les filins de la grue, et donnait la sensation que la voiture survolait les sapins, en partance pour un monde meilleur.

Nous ne saurions jamais si elles avaient voulu mourir. Nous recoupions les informations, celles que l'on trouvait dans les journaux, celles que nous avions collectées toute notre vie, mais au moment où le puzzle semblait se reconstituer, il se défaisait aussitôt.

Il était déchirant et mystérieux de constater que le destin avait choisi de lancer ensemble trois filles dans un fossé, tout en leur réservant des sorts si différents. Tandis que Claudia était morte avant même d'atteindre l'hôpital, la cage thoracique perforée (ce qui nous semblait évoquer son cœur arraché, bien des années auparavant, quand elle était rentrée chez ses parents, enceinte et abandonnée), les deux autres avaient été épargnées d'une façon extraordinaire. Même si Chris souffrait d'un nombre insensé de fractures (vingt-sept, selon la *Tribune de Genève*), elle quitterait l'hôpital, les jambes plâtrées, moins d'une semaine plus tard ; selon certains observateurs, ses lèvres et ses ongles étaient peints, mais aucun de nous ne voulut y croire. Quant à Charlie, on racontait qu'on l'avait extraite de l'habitacle, évanouie mais indemne, comme une beauté surnaturelle. Dans le *Journal de Sierre*, à côté d'un encart consacré au retour du lynx dans les Alpes, on pouvait voir « La belle miraculée », le visage délicatement égratigné, mais comme l'avait souligné le Dr Borgeaud, le médecin généraliste de la station à qui Roberto Alazraki avait téléphoné : « Elle aurait tout aussi bien pu être griffée par un chat ou une branche de mûrier. »

Où allaient-elles, toutes les trois, dans la nuit, fonçant sur le verglas, dans cette Golf blanche, sans pneus neige, ni chaînes ? Que fuyaient-elles ? Nous savions qu'elles cherchaient à s'échapper, quelle que soit leur destination, elles n'avaient aucune intention de revenir, et nous les imaginions, dans cette voiture, fumant des cigarettes fines, vitres baissées, dans des robes du soir qui trahissaient leur soif d'être aimées. Lorsque Daniella Alazraki avait sifflé entre ses dents, en haussant les épaules, « trois filles bourrées qui voulaient se faire des mecs en boîte », la main de Roberto s'était abattue sur le crâne de sa sœur, comme lorsqu'il était jeune, et nous avions ri nerveusement, même si Daniella nous faisait pitié avec ses jupes bohémiennes et ses petits amis drogués.

Nous étions convaincus qu'elles avaient voulu nous dire quelque chose, ce soir-là, mais aussi durant toute notre vie, quand nous les apercevions, en maillot de bain à la piscine, ou emmitouflées dans leurs parkas, dans la file des télécabines, et que nous croisions un instant leur regard, sous leurs cils recourbés. Elles nous envoyaient des messages. Après l'accident, nous imaginions toutes sortes de choses, nous savions qu'elles étaient là, dans le brouillard ou dans la forêt. Elles nous faisaient signe de la main, au loin. Nous avions la sensation de les entendre, quand nous étions ivres, et nous buvions encore plus que d'ordinaire, à cette époque-là. Lorsqu'il se mettait à neiger, elles nous appelaient, mais le vent couvrait leurs paroles ou nous réalisions qu'elles parlaient une autre langue.

Un soir, alors que nous parcourions, une fois encore, les articles que nous conservions dans une chemise de plastique, Christian Grange, les yeux écarquillés, s'était exclamé : « Mais vous ne comprenez pas qu'on ne saura jamais ? Ce sera comme ça, les gars, jusqu'à la fin. Sur notre lit de mort, avec notre famille autour de nous, on sera encore là avec nos putains de questions. Il faut juste accepter qu'on ne comprendra jamais rien à rien, et pire, vous savez quoi ? Il n'y a peut-être rien à comprendre, rien du tout. » Nous l'avions regardé, irrités, mais nous savions qu'il avait raison, même si Christian Grange n'avait pas de famille, et, nous en étions persuadés, n'en aurait jamais.

Serge Chubowska fut le seul à avoir le courage de se rendre aux funérailles de Claudia, à Genève. Elles eurent lieu dans une salle blanche et froide qui évoquait une cantine d'hôpital. Les femmes avaient l'air grave, des cernes creusaient leurs beaux visages, mais elles portaient des robes noires faites pour être portées la nuit. Plusieurs d'entre elles ne quittèrent pas leurs lunettes de soleil, et une grande brune glissait le long des murs, le regard dissimulé par une voilette de dentelle. Serge Chubowska nous avoua qu'il avait eu l'impression étrange de revivre une soirée costumée chez Jacques Savrier. Il y avait quelque chose d'érotique et de mondain qui faisait presque oublier le cercueil étonnamment imposant posé sur l'estrade. « Elle devait être toute petite, là-dedans », nous dit-il, en secouant la tête. Il avait à peine reconnu Jacques Savrier qui lui était apparu amaigri, presque ratatiné. « On aurait dit qu'il avait rétréci. » Serge s'était approché pour lui serrer la main, mais il avait détourné le regard, comme s'il voulait éviter la discussion, ou peut-être simplement ne savait-il plus du tout qui il était, ni lui ni tous les autres.

Serge Chubowska avait mis du temps à comprendre qui était cette jeune fille blonde, assise au premier rang, le dos droit, un mouchoir brodé serré dans son poing. Durant la cérémonie, sans même s'en apercevoir, il avait fixé sa queue de cheval, haute sur le crâne, ses cheveux incroyablement clairs, son cou où l'on voyait battre son pouls, et, soudain, il avait eu la sensation étrange que Claudia assistait à son propre enterrement.

Et puis, quelqu'un avait chuchoté « cette pauvre Valentina », et Serge Chubowska avait senti comme une pierre sur la poitrine. Il nous raconterait avec embarras lui avoir touché les mains, en silence, comme un personnage de feuilleton télé, tandis qu'elle lui souriait poliment, les yeux voilés par l'incompréhension ou les anxiolytiques.

Pour le reste, Serge ne fut jamais capable de nous dire grand-chose, si ce n'est qu'Alberta Maggiore ne quitta pas son manteau de vison noir, et que Giovanni pleurait doucement, en caressant le yorkshire lové au creux de son bras comme un enfant endormi.

Il ne se souvenait de rien, ni de la cérémonie, ni d'aucun des mots qui furent prononcés par le prêtre, puis par des jeunes femmes agitées, mais selon lui, c'était « un sacré paquet de conneries ». En réalité, Serge avait passé son temps à attendre Chris, même s'il savait que c'était impossible, elle était dans cet hôpital, avec ses os en morceaux qui lui évoquaient, il ne savait pourquoi, une coquille d'oursin brisée dans sa main. Il ne pouvait se raisonner, et il lançait des coups d'œil vers l'entrée, comme si elle allait pénétrer dans la pièce d'un instant à l'autre, dans une tenue insensée, peut-être même fumerait-elle une cigarette, ou serait-elle éméchée. Un mouvement de cheveux, une silhouette qui passait et il sursautait, dans un état de panique et de fébrilité qui ne le quitta plus, toute la journée, mais aussi les semaines qui suivirent. Dans la rue, dans un taxi, à travers la vitrine d'un café, il la voyait partout.

Elles étaient parties. Elles nous avaient quittés, pour toujours. Même Charlie n'était jamais apparue aux funérailles. Quelqu'un, il fut incapable de se rappeler qui, avait raconté à Serge l'avoir croisée plusieurs heures auparavant à la gare de Cornavin, à Genève. Elle prenait un café juste avant de se rendre à la cérémonie. Nous ne sûmes jamais ce qu'il se passa ensuite, mais nous l'imaginions très bien dans cette cafétéria, se rongeant les ongles, devant un chocolat chaud, comme à l'époque, après le ski, lorsque Édouard de Montaigne récoltait sur les tables les sachets vides d'Ovomaltine abandonnés par les filles. Il était apaisant d'imaginer que, comme nous, Charlie n'avait pas eu le courage de se rendre à l'enterrement, et nous espérions qu'elle était montée dans un train, en direction du Sud, pour l'Espagne ou l'Italie.

Ensuite, la plupart d'entre nous cessa de venir à Crans. Il y eut d'abord Roberto Alazraki qui passa un hiver à Cortina d'Ampezzo, puis Daniel Vidal et Serge Chubowska louèrent des appartements à Courchevel. Nous prétendions ne plus reconnaître la station de notre enfance, et c'était vrai qu'elle changeait à toute vitesse, avec ces lotissements qui semblaient apparaître d'un coup, sur les hauteurs de Montana, ou à Plans-Mayens, là où s'étendait jadis une forêt de sapins, ou un mini-golf. Mais dans le fond, nous nous en foutions complètement. Les transformations qui nous déchiraient le cœur étaient minuscules, invisibles. C'était le mobilier de jardin en plastique, disposé par les nouveaux propriétaires sur la terrasse de l'Archéoptérix. C'était la table de ping-pong des Herbes Folles, celle-là même qui avait alimenté nos fantasmes, et que l'on avait abandonnée dans le pré adjacent, les pieds mangés par la rouille, son filet trempant dans une flaque d'eau noire. C'était la buvette, sur la piste de Vermala, remplacée par des sanitaires en forme d'abri atomique, ou le flipper du sous-sol de la Rôtisserie de la Reine, disparu entre des vacances de Noël et celles de février. C'était aussi le rythme des saisons, les crocus qui crevaient la neige pour annoncer le printemps, les poissons translucides qui s'agitaient sous la glace de l'étang du golf. C'étaient les premiers flocons, doux comme de la ouate, qui effleuraient nos visages, les traces des écureuils sur la neige, les pommes de pin rongées aux pieds des sapins. C'était les filles aux cheveux flottant sur les épaules qui traversaient la route, bras dessus bras dessous, avec leurs cache-oreilles et leurs après-skis à poils longs.

Dans les vitrines de la grand-rue ou les hublots des téléphériques, nous croisions nos reflets, ces visages fatigués, ces rides sur nos joues, ces cheveux grisonnants. Certains jours, elles nous apparaissaient, au réveil, elles nous souriaient, une lueur brûlante dans les yeux, et nous nous levions avec une sorte d'allégresse, le sexe dressé dans nos pantalons de pyjama, mais cela ne durait qu'un instant, le souvenir s'effaçait presque aussitôt, leurs traits se mélangeaient. Puis vint le temps où nous n'arrivions même plus à reconstituer leurs visages, leurs silhouettes étaient floues, comme un mouvement diffus dans le lointain.

Aucun de nous ne revit plus jamais ni Chris, ni Charlie. Quelquefois, nous entendions parler d'elles, quelqu'un prononçait leur prénom, mais, étrangement, nous n'écoutions pas avec beaucoup d'attention. On racontait que Charlie vivait en Grèce, ou dans les îles Éoliennes, qu'elle était peintre, ou qu'elle tenait une trattoria. On disait que Chris avait divorcé, qu'elle avait fait des séjours en maison de repos, près de Lyon, elle avait suivi un traitement à base d'électrochocs, ou de plantes hallucinogènes. Mais ce n'étaient que des on-dit, on sentait que personne n'avait aucune nouvelle. On aurait dit qu'elles avaient quitté notre monde, et au fond, nous savions que c'était exactement ce qui s'était passé.

Cette nuit-là, sur cette route, elles se sont vengées de nous. Nous les avons abandonnées. Tout au long de notre vie, nous les avons regardées, le bras tendu dans leur direction mais nous n'avons rien fait. Elles ont attendu. Elles ont espéré l'amour dont nous semblions capables, que nous leur avions promis d'une certaine façon, mais nous avons préféré jeter des poignées de terre sur le feu. Elles nous ont appelés, leurs lèvres se sont entrouvertes pour dire nos noms, la nuit elles ont chuchoté dans nos cous, leurs doigts ont effleuré nos cheveux, et nous sommes restés immobiles. Alors elles sont montées dans cette voiture et se sont envolées dans les airs, dans une nuit opaque, ou scintillante sous la lune. Elles ont rejoint ce lieu secret, là où se déroulent nos vraies vies, hors de portée.

Valentina

1.

Valentina n'y pensait jamais. Ni à sa chambre, minuscule comme une grotte, à peine la place pour un lit et une armoire, ni aux week-ends passés là-bas, et pourtant, ils « montaient » à Crans tous les vendredis soir l'hiver, et aussi quelquefois au printemps. Après l'école, puis le collège, puis le lycée, elle grimpait dans le Range Rover, ou la Rolls, avec cette odeur de cuir qui lui donnait mal au cœur, et elle faisait claquer la portière. Assise sur la banquette arrière elle voyait leur dos, elle leur demandait quelquefois de mettre une cassette, mais ils finissaient toujours par faire des commentaires désobligeants sur la musique qu'elle aimait, alors ils roulaient en silence, dans l'obscurité. On aurait dit qu'il faisait toujours nuit dans cette voiture, et que l'air était rare, ou vicié. Mon Dieu, tout ce temps passé, envolé, enfermé dans une boîte.

Cela fait plus de douze ans maintenant que Valentina a perdu sa mère, mais quand elle s'entend prononcer ces mots, ou qu'elle s'en souvient brusquement, au réveil, qu'elle les répète à voix basse (« ma mère est morte »), elle ne les comprend pas, ils ne lui font aucun effet, c'est comme une feuille à la surface de l'eau. Elle n'y pense pas, pas plus qu'à Jacques Savrier, qui continue de vivre quelque part, à Genève, probablement, comme si elle n'existait plus. Elle est simplement montée dans ce train pour Paris, à l'âge de vingt-trois ans, avec une valise de Claudia, en cuir Vuitton, qui lui paraissait tellement déplacée, et sa vie d'avant s'était dissoute comme la fumée d'une cigarette, longue, enroulée sur elle-même.

Valentina n'y pense pas, elle n'est simplement jamais retournée à Crans. Depuis la nuit où son père, enfin son beau-père, elle ne savait plus comment l'appeler, l'avait réveillée, blême, et où elle avait su, tout de suite, que c'était arrivé. Elle avait dix-huit ans, et cela faisait longtemps, depuis toujours lui semblait-il, qu'elle attendait cet instant.

Elle se souvenait du visage de Jacques Savrier, et des deux policiers, penchés au-dessus d'elle. Elle avait mis un temps infini à réaliser qu'ils étaient là, dans sa chambre, comment tous ces gens tenaient-ils dans un si petit espace ?

Ils s'agitaient, l'un des deux flics avait sorti une bande dessinée de sa bibliothèque, il l'avait feuilletée, comme s'il cherchait une explication à l'absurdité de l'existence. Valentina avait pensé qu'elle n'avait pas de culotte sous son tee-shirt, qu'ils allaient voir ses fesses. Ensuite, elle avait eu l'impression de s'élever dans les airs, de flotter au-dessus de la scène, loin, très loin, et leurs paroles lui parvenaient avec un temps de latence, comme si elle était au téléphone au bout du monde. Cela avait duré des semaines, cette sensation d'habiter une boule de coton, cette fatigue, cet éloignement, mais sans doute était-ce l'effet des anxiolytiques et des antidépresseurs, qu'elle conservait dans une boîte d'édulcorants de Claudia, en plastique beige poudré. Les fleurs gravées sur le couvercle, en relief, donnaient la sensation qu'elle appartenait à une jeune fille romantique d'un autre siècle.

Elle avait toujours su qu'un jour sa mère partirait. Depuis toute petite, elle sentait grandir en elle le désir de fuite, elle l'avait vu gonfler dans sa poitrine comme une tumeur, ou un oiseau sombre cherchant à déployer ses ailes. C'était comme une menace, lancinante, et tous les souvenirs qu'elle avait de Claudia étaient voilés de cette crainte, même si elle n'en avait aucune idée alors : c'était juste la vie qui semblait inquiétante. Il y a cette photo d'elles deux que Valentina regarde quelquefois. Elle doit avoir trois ou quatre ans, et Claudia à peine vingt-quatre, mais elle a l'air d'en avoir dix-sept. Elle regarde leurs visages si proches, joue contre joue, leurs cheveux qui se confondent, ses boucles dorées qui semblent s'agripper à la longue chevelure de sa mère, comme pour la retenir ou se fondre en elle. Valentina reconnaît son sourire inquiet, mais elle regarde surtout Claudia dont le regard s'échappe vers une ligne de fuite, hors du cadre.

Elle n'y pense jamais mais Crans revient dans ses rêves. Il y a la route, qui relie Sion à la station, éclairée par la lumière des phares, avec les tirets tracés à la peinture blanche qui défilent comme une pellicule 8 millimètres, et la roche, vertigineuse, prête à s'effondrer. Au loin, elle voit l'étrange sculpture qui se dresse sur un sommet, juste au-dessus de la forêt, telle une Sainte Vierge géante, le bras levé. Il y a leur chalet, pas tout à fait le même mais pas tout à fait différent. Elle se voit remplir les humidificateurs des radiateurs, comme elle le faisait enfant, c'était sa mission, avec un arrosoir en plastique rouge, mais dans ses songes, elle n'y parvient jamais, on dirait que les radiateurs n'ont pas de fond, ils se déversent dans un trou noir sous le chalet, une nappe souterraine.

Et il y a sa mère, dans une tempête de neige, ses cheveux flottant au-dessus de son crâne, ou sa mère qui marche dans la forêt, et s'éloigne. C'est un petit point qui gravit la montagne pour rejoindre la statue de Marie, puis finalement, Valentina chemine elle aussi dans la poudreuse : elle n'avance pas, les branches des arbres agrippent ses cheveux, griffent son visage et ses bras, ils s'approchent d'elle, en silence, tandis qu'elle tente, en vain, de rejoindre la statue au sommet. La Vierge géante a le visage de Claudia, ses bras sont tendus dans sa direction.

Cela fait douze ans que Claudia a disparu dans la nuit, quand Valentina reçoit la carte postale. Elle a une sorte de vertige en saisissant la photo cartonnée, la tache blanche des montagnes, et l'écusson du canton du Valais, avec ses treize étoiles rouges et blanches, semble tout droit sorti de ses rêves. Elle ne sait pas si elle trouve cela de mauvais goût au premier abord, ce mot désinvolte en provenance d'un monde englouti, ou si elle l'attend depuis toujours.

Au départ, ses yeux ne déchiffrent pas les mots griffonnés au stylo. Et puis, elle lit « chérie », un numéro de téléphone, et les signatures, appliquées comme celles d'adolescentes, avec ces C qui semblent s'étirer à l'infini : Chris et Charlie. Elle a l'impression de tenir entre ses doigts l'invitation de deux jeunes filles excentriques à les rejoindre dans leur fugue.

Elle n'y pensait jamais, mais lorsqu'elle arrive à Crans-Montana, la nuit, dans un taxi sombre dont les pneus émettent comme un chuchotement, il lui semble qu'elle n'en est jamais partie. Elle dépose ses affaires à l'hôtel Robinson, à côté du cinéma, avec sa flèche lumineuse qui clignote dans un tube de néon rose, comme pour indiquer l'entrée d'un monde interlope. Valentina laisse son sac de voyage minuscule, contenant un jean et un pull-over bleu marine, dans une chambre qui sent le propre. Elle se met en route jusqu'au chalet l'Archéoptérix. Ses baskets laissent des traces dans la neige avec un bruit de baiser, et les silhouettes sombres des sapins se penchent vers elle, frémissantes.

Dans les vitrines, elle voit le reflet mouvant d'une jeune fille dans sa veste de cuir, sa queue de cheval, ses épaules en dedans. C'est peut-être elle, ou peut-être Claudia au même âge. Ou ni l'une ni l'autre, une inconnue.

Elle pense au test de grossesse dans son sac, dans un emballage en carton, lui-même sous un film de plastique, qu'elle a caché dans la poche zippée de son sac, mais caché de qui, hormis d'elle-même ? Elle le sort quelquefois, pour le regarder, il est là depuis des semaines, mais elle ne se résout pas à déchirer la pellicule translucide. C'est comme si cette membrane la séparait d'un secret tapi au fond d'elle, une anguille dans un filet invisible.

Il lui semble que c'est ici, à Crans-Montana, qu'elle a franchi les étapes initiatiques qui mènent de l'enfance à l'âge adulte, avec les métamorphoses qui les accompagnent, joues qui fondent, seins qui gonflent, cernes qui creusent les yeux, trahissant l'ébullition des hormones et les culottes humides, avec ces parfums qui emplissent soudain l'espace, comme des effluves de fleurs ou de mousse. Valentina imagine une frise où seraient dessinées des petites filles qui se redressent et s'allongent, à la façon des illustrations de manuels scolaires retraçant l'évolution de l'homme préhistorique.

C'est au restaurant du Cervin, à onze ans, qu'elle a eu ses règles pour la première fois, devant une raclette, dans son jean blanc. Elle avait pensé s'être salie dans la boue, puis elle avait eu la sensation qu'on lui transperçait l'abdomen avec un pieu. Jacques Savrier avait couru acheter des serviettes hygiéniques. Ils déjeunaient tous les deux. À cette époque, sa mère était toujours ailleurs. Mais où ? Elle n'en avait aucune idée.

Ensuite, il lui sembla que c'était toujours à Crans que cela arrivait, comme si la montagne envoyait un signal à son métabolisme. Cela commençait sur la route, depuis Genève. Au moment même où la voiture quittait la plaine pour s'élever en altitude, une main invisible saisissait quelque chose, au plus profond d'elle, quelque chose de mystérieux et d'obscur, et cherchait à l'extraire sauvagement de ses entrailles. Valentina regardait le vide, depuis les ponts étroits, suspendus au-dessus des gorges, et tout à coup, elle sentait le sang qui se déversait, chaud et froid à la fois, à l'intérieur de ses cuisses.

Elle se souvenait qu'elle passait des nuits avec cette douleur, elle montait dans son ventre, sournoise, comme une marée, pendant des heures, jusqu'à la faire vomir. Agenouillée sur le carrelage de la salle de bains, dans sa chemise de nuit, la tête penchée au-dessus de la cuvette des toilettes, elle attendait que ça vienne, et pendant les instants de répit, entre deux crises, elle écrivait du bout des doigts sur la vitre embuée les noms des garçons qui lui retournaient le cœur.

À cette époque, personne ne la regardait plus vraiment. Pendant la journée, il y avait des messes basses entre ses parents, ils chuchotaient dans le salon, ou parfois, sa mère sanglotait dans les bras de son père. Il régnait un silence étrange au chalet, sa mère se couchait en début d'après-midi, ou quelquefois ne se levait pas du tout, tandis que Valentina, toujours en chemise de nuit, regardait, recroquevillée sous sa couette, la condensation sur les vitres se transformer en petits ruisseaux. Suspendues au bord de la fenêtre, des stalactites ressemblant à du verre gouttaient avec une infinie lenteur, comme un métronome étirant le temps. On aurait dit qu'un sortilège avait plongé le chalet dans la torpeur, et intimé à ses habitantes de s'aliter pour se vider de leurs larmes ou de leur sang. Avec la tombée de la nuit, le charme s'évanouissait, ses parents semblaient revenir à la vie : Jacques Savrier allait chercher des bouteilles hors de prix à la cave, Claudia enfilait des robes inouïes, et les invités débarquaient, époussetant la neige sur leurs manteaux, comme s'ils avaient traversé une tempête.

À travers la paroi, Valentina entendait le rire de sa mère, un rire mondain, exubérant, et il lui semblait toujours qu'il appartenait à une autre femme qui se glissait dans son corps. Le reste du temps, Claudia n'était qu'un spectre, il n'y avait plus personne à l'intérieur de son enveloppe charnelle.

Petite, elle avait voulu croire que sa mère allait bien, qu'ils formaient une famille idéale. Elle savait que Claudia avait essayé, de toutes ses forces, surtout les premières années. Elle avait préparé des dîners sophistiqués, elle qui détestait faire la cuisine, elle recevait avec un sourire de cinéma les relations de Jacques Savrier, et l'hiver, elle dessinait elle-même les cartes de vœux, un nombre insensé, à l'encre de Chine. Elle avait tricoté pour Valentina un boa géant, avec un cœur en feutrine agrafé au coin de l'œil, qui plus tard évoquerait le désœuvrement de ses journées. Mais au fur et à mesure que les hivers passaient, Valentina avait eu la sensation que sa détermination s'effritait, c'était comme ces glissements de terrain dans la vallée tout autour, les coulées de terre l'été, les avalanches l'hiver, cette montagne curieusement friable comme de la craie.

Au départ, Claudia avait semblé croire au potentiel féminin de sa fille. Elle l'emmenait chez Bouby, à côté de la patinoire, pour lui acheter des jupes écossaises et des pull-overs assortis. Elle aimait ces moments, même si aucune fille ne portait ce genre de choses à Genève, et qu'elle aurait voulu un jean neige, ou des bottes à franges. Claudia répétait avec un air contrarié que les cheveux de Valentina fonçaient, elle lui passait des morceaux de cotons imbibés de camomille sur les racines, avec des mouvements délicats qui ressemblaient à des caresses. Mais en grandissant, Valentina était de moins en moins blonde, et Claudia avait renoncé à la camomille, et aux sorties entre filles chez Bouby. Un été, elle devait avoir douze ans, Valentina portait son justaucorps de danse à la piscine de Montana parce que sa mère avait oublié de lui acheter un maillot de bain. Elle se souvenait des bikinis californiens des adolescentes parisiennes allongées sur des transats, leurs jambes épilées, leurs barrettes en forme de cœur, et la terreur qu'elle avait ressentie sur l'échelle en acier, en sortant du bassin, le tissu synthétique révélant ses seins en transparence. Elle s'était enroulée dans une serviette éponge pour dissimuler les poils blonds qui remontaient jusqu'en haut de ses cuisses, comme le duvet d'un oisillon.

C'était aussi à Crans-Montana qu'elle avait découvert que Jacques Savrier n'était pas son père biologique. Personne ne le lui avait jamais dit, mais elle avait trouvé dans l'armoire où étaient rangées les cassettes vidéo un livret de famille. Elle l'avait feuilleté, sans vraiment savoir pourquoi, et sous son nom, était inscrit « née de père inconnu ». Elle avait lu ces mots étranges avec détachement, sans ressentir d'émotion particulière, sauf peut-être du soulagement, comme si elle avait identifié le secret qu'ils portaient tous les trois, et qu'il était moins grave que tout ce qu'elle avait pu imaginer.

Ce soir, Valentina marche dans l'obscurité, elle descend le long de la grand-rue, et tandis qu'elle passe devant le supermarché, elle entend le chalet qui l'appelle. Il murmure son nom, entre les bruissements du vent, et la neige qui crépite. Elle entend son nom et des phrases incompréhensibles, comme une complainte familière qui lui échappe. Elle se souvient que quand elle montait la rue, en combinaison de ski, jusqu'au télécabine de Cry d'Er, elle croisait des garçons, aux cheveux ébouriffés, leur forfait suspendu autour de leur cou, ce cou où elle aurait voulu poser la tête, mais ils passaient, avec leur démarche souple, sans la regarder, ou alors leurs yeux la traversaient comme une créature sans substance.

À cette époque, Valentina avait presque complètement perdu de vue Claudia. Elle partait régulièrement dans une maison de repos, sur les bords du lac Léman, où il était interdit de lui rendre visite, et même de lui téléphoner, comme si le souvenir de ses proches aurait pu entraver sa guérison. Même lorsqu'elle était là, elle paraissait ailleurs, elle sortait la journée, comme si elle menait une vie parallèle, dans une autre famille, ou dans une autre dimension.

Quand Valentina se retrouve devant le chalet, il lui semble qu'elle chemine depuis des heures, ou des jours. Le temps s'est dilaté comme une barque dérivant sur un lac. Tous ces souvenirs qui remontent, comme s'ils étaient au fond d'une grotte, ou très loin au centre de la terre, toute cette vie qu'elle avait presque oubliée. L'Archéoptérix a surgi, sur la route, dans le creux d'un virage, presque par surprise, et pourtant, elle connaît ce virage, elle les connaît tous. C'est comme si la géographie était inscrite à l'intérieur de son corps, une carte qui se confondrait avec son réseau sanguin, les courbes de la route, les arbres qui la longent, les dénivelés du terrain. Elle pensait qu'il serait différent, moins imposant sans doute, mais le chalet est exactement comme dans son souvenir, avec ses parois blanches granuleuses, prêtes à érafler sa peau, ses volets jaunes, et la fenêtre de sa chambre, au rez-de-chaussée, par laquelle elle s'échappait, la nuit, en jean moulant, les yeux maquillés.

Valentina avait seize ans, dix-sept peut-être, elle sortait, toute seule, aux alentours de minuit, pour que ses parents ne l'entendent pas, même si elle se disait souvent que c'était une précaution inutile, qu'elle aurait pu claquer la porte, et ne jamais revenir, ils auraient continué de mener leur vie d'ombres. Elle courait au Pacha, ou au 1900, et, avec le vent sur sa peau, ou les flocons dans ses cheveux, dans la nuit éclairée au néon devant les boîtes de nuit, elle avait la sensation que quelque chose était possible. Mais il ne se passait jamais rien, elle prenait une vodka en fixant les filles qui se laissaient embrasser, sur les banquettes sombres, comme si elles évoluaient derrière une vitre.

Une nuit, c'était l'hiver de ses dix-huit ans, on avait frappé à sa fenêtre, et elle avait vu Stéphane Berger, le garçon qui, quelques jours auparavant, lui avait mis la langue dans la bouche sur le télésiège de la Nationale. Elle avait eu la sensation d'étouffer, ou de gober un petit animal à sang chaud, et elle s'était sentie démunie, suspendue dans les airs, dans ce brouillard glacé qui effaçait les contours du réel. Même Stéphane avait disparu, c'était comme l'étreinte d'un fantôme.

Cela n'avait pas dû vraiment lui déplaire, à lui, puisqu'il était là, planté dans la neige. Il avait les cheveux humides, comme s'il venait de se doucher, et, à côté de lui, juste un peu en retrait, se tenait un type à la chevelure sombre, le regard baissé. Elle avait tout de suite su, en les voyant se balancer d'un pied sur l'autre, que quelque chose allait arriver, comme un orage, ou une bulle de savon dont on redoute et espère à la fois l'explosion. Ils s'étaient hissés sur le rebord de la fenêtre, à la force de leurs bras, dans un mouvement fluide et silencieux. Elle s'était laissé faire, sans un mot, dans son lit de petite fille. Elle avait été surprise de sentir leur peau ou leurs mains qui glissaient sous son tee-shirt, et entre ses cuisses, mais tout son esprit semblait occupé par la contemplation de son édredon, ces fleurs de montagne brodées qui ressemblaient soudain à des insectes, ou à des crabes, émergeant du coton comme d'un nid.

Ce soir, les étoiles semblent briller exactement de la même façon que cette nuit-là, douze ans plus tôt, lorsque deux garçons étaient venus se rouler dans son lit, laissant des traînées de boue sur la moquette crème. C'est comme un ciel d'été, plein de promesses, d'espoir, et de menace. Elle avance dans la nuit, pour contourner le chalet, et passer de l'autre côté, sur le golf, vers ces étendues qui l'appellent de plus en plus fort. Elle ne sait plus pour quelle raison elle est là, tout à coup, ni pourquoi elle a dit à Chris et Charlie qu'elle n'arrivait que le lendemain, elle ne sait même plus si elle a envie de les voir. Elle se demande si elle n'est pas en train de marcher dans un de ses rêves, avec ces étendues sans fin, et ces arbres qui glissent vers elle. De toute façon, depuis qu'elle n'a plus ses règles, cela fait cinq semaines maintenant, la vie semble mouvante, et statique à la fois, elle rêve beaucoup plus que d'ordinaire, elle est épuisée tout le temps. Elle progresse dans la neige, chaude et molle, comme dans un marécage, et devant la terrasse de l'Archéoptérix, la baie vitrée luit d'un reflet opaque.

Au loin les montagnes, encore plus noires que la nuit, semblent immenses, elle a l'impression de sentir leurs yeux, posés dans son dos, et la forêt qui marmonne, le vent dans les branches comme des mots prononcés à voix basse. Les sapins la regardent, et les animaux, immobiles dans les bosquets, aussi, même la neige, tous ces cristaux, qui crépitent doucement, comme des millions d'yeux braqués sur elle.

Soudain, quelque chose explose, dans son ventre, et dans son crâne. Le salon s'illumine derrière la vitre. Elle revoit le canapé, devant la télévision. Elle voit une petite fille, dix ou onze ans, en chemise de nuit bleue, un homme en pull et pantalon de laine, assis, à côté d'elle, c'est comme une scène reconstituée dans un diorama. Elle voit leurs regards fixes, en direction de la télévision dont les images diffusent des flashs colorés, et la tension qui émane des bras de la fillette, posés de chaque côté de ses cuisses. Elle est figée, comme dans une photographie, mais il y a un frémissement, sous sa chemise de nuit, on dirait qu'une souris court sur son ventre. Et puis Valentina plisse les yeux, elle voit l'avant-bras de Jacques Savrier, glissé sous la chemise de nuit, et sa main, mouvante, sous le tissu.

2.

Elle les voit tout de suite, à la terrasse de chez Gerber : elles sont assises en plein soleil devant des expressos, le cendrier débordant de cigarettes (ces cendriers jaunes en porcelaine, le mot Campari inscrit en lettres rouges, que l'on retrouve dans tous les cafés de la station, mégots menthol et maculés de rouge à lèvres pour les filles, brunes et consumées jusqu'au filtre, pour les garçons). Chris, dans un manteau en renard, les ongles aussi longs que dans son souvenir, assortis à ses lèvres, Charlie, lunettes noires, elle aussi, une mèche grise dans sa chevelure sombre. À l'instant même où elle les voit, dans l'air frais du matin, comme deux vedettes incognito prenant le soleil, Valentina sent une pelote sombre se dénouer dans sa poitrine.

Elle se souvient de Charlie, avec des boules de Noël aux oreilles, Chris et ses manteaux insensés, zébrés, ou panthère, les parfums de poudre, et toutes les essences sucrées, mystérieuses, quand elles l'embrassaient, leurs baisers qui semblaient vivants, des oiseaux voletant sur sa peau. Il y avait l'agitation, les soirs de fête, cette électricité dans l'air, l'arbre de Noël avec ses anges suspendus, et surtout l'air baigné d'une lumière dorée, qui s'emplissait de désir. Cette tension avide, elle retrouve là, ce matin, dans leurs mains soignées, et sur leurs visages, même celui de Charlie, impassible, mais ce n'est qu'un voile, un abri.

Dès qu'elles l'aperçoivent, elles se lèvent, un mouvement gracieux, et précipité. Valentina enfouit sa tête dans la fourrure de Chris, la main de Charlie serre la sienne, et elle a envie, immédiatement, de leur demander : « Elle m'aimait, vous croyez ? Est-ce qu'elle m'aimait quand même ? »

Peut-être pour se donner une contenance, ou mettre de la gaieté, alors qu'elles sont là, attablées à leur passé, sous cette lumière si vive qu'elle est insupportable, Chris et Charlie racontent des anecdotes. C'est surtout Chris qui parle, avec excitation, en fumant sans cesse, tandis que Charlie les contemple, l'air rêveur, Valentina imagine qu'il est facile, presque inévitable, de tomber amoureux d'elles. Chris raconte les lendemains de fête au chalet, le caviar sur les croissants, et quand elles rient, le coin de leurs yeux se plisse, délicatement, mais à peine, elles ont conservé leur air de jeune fille. Quelquefois une ombre passe dans leur regard, mais c'est peut-être une illusion, on cligne des yeux, et ne demeurent que leurs sourires, et la fumée qui auréole leurs visages.

Elles racontent cette nuit, lorsque Claudia leur avait téléphoné, une voix minuscule, lointaine, apeurée, et Chris a les yeux mouillés, tandis que Charlie semble se transformer en marbre, mais l'on voit son cœur qui frémit délicatement, jusqu'au bout de ses doigts jouant avec un sachet de sucre. « Tu comprends, on ne se voyait plus très souvent, avec ta mère. Elle était devenue distante, on avait l'impression de ne plus l'intéresser. »

Mais, cette nuit-là, elles avaient bondi de leur lit, sans réfléchir, Chris se souvient de George hirsute, avec ses yeux inquiets, jaloux. Elle avait enfilé un jean, qui lui serrait les cuisses, elle les prenait toujours une taille en dessous, et une veste de ski, et elle avait dit, en glissant son paquet de cigarettes dans la poche arrière de son jean, comme au temps des Quatre cents coups : « Je vais la chercher. » Elle avait garé la Golf devant les Herbes Folles, et Charlie était là, dans une sorte de kimono, ou peut-être était-ce un long châle de soie, avec des bottes en fourrure aux pieds. Elle avait claqué la portière, et de sa voix profonde, qui tremblait légèrement, mais peut-être était-ce juste les vibrations du moteur, elle avait dit : « Donne-moi une cigarette. »

Elles se souvenaient de Claudia, en robe du soir, comme si elle s'apprêtait à se rendre à une fête, mais son visage était nu, ses yeux gonflés. Elles n'avaient pas beaucoup parlé, ensuite, déterminées, elles avaient mis une cassette de chansons italiennes, Gigliola Cinquetti, Patty Pravo, comme au bon vieux temps. Elles libéraient leur cœur d'une carapace de givre. Elles avaient toujours su, dans le fond, que cela finirait ainsi, c'était comme une déflagration étouffée ou un coup de feu tiré dans un nuage de plumes. Elles avaient attendu, attendu une vie qui n'était jamais arrivée, c'était comme un lièvre, qui court dans la neige, le corps tendu, et qui s'affaisse, d'un seul coup. Sous la fourrure, sa chair est chaude, moelleuse, écœurante.

Claudia ne leur avait pas raconté ce qui s'était passé ce soir-là mais elles ne se parlaient pas de toute façon, elles ne l'avaient jamais fait. Toute leur vie, elles n'avaient échangé que des banalités, elles étaient demeurées seules avec leurs secrets, comme des points perdus sur la ligne d'horizon de l'océan.

Elles marchent à présent toutes les trois sur la route de Montana, Valentina entre Chris et Charlie, un bras enroulé sur le sien, de chaque côté. Elle voudrait bien leur poser les questions qu'elle porte au fond d'elle comme des animaux fossiles, mais que pourrait-elle leur demander ? Chris et Charlie n'avaient pas, comme elle, passé des années, toute une vie, à regarder Claudia, à essayer de forcer son âme, et tomber sur le vide, comme ces coquilles rongées par les écureuils. Chris et Charlie n'étaient pas du même avis de toute façon. Chris considérait que Claudia était une enfant gâtée, insatisfaite. Elle avait tant rêvé de ses diamants dans son lit, elle les avait vus scintiller au-dessus de sa tête, comme des étoiles électriques. Charlie pensait qu'il y avait des tourments, comme des branches enchevêtrées, ou une bobine de ferraille, dans son cœur.

Même Jacques Savrier leur paraît flou, alors qu'elles l'ont fréquenté pendant près de vingt ans. Elles n'ont aucune idée de ce qu'il faisait dans la vie, comment tous ces homards, ces bijoux, ces montagnes de caviar atterrissaient sur la table du chalet, ou dans les mains délicates de Claudia, ni même qui étaient ces hommes en costumes, qui fumaient ses cigares, buvaient son champagne avec un naturel désarmant. Charlie murmure, en regardant loin devant elle, là-bas, vers les hauteurs de Vermala, où la neige scintille comme de minuscules éclats de verre : « À un moment, j'en ai eu marre de tout ce fric. Je ne le supportais plus. »

Valentina regarde la buée qui s'échappe de leurs lèvres et elle serre leur coude un peu plus fort. Le ciel, d'un bleu éclatant, où s'accrochent des nuages semblables à des poignées de ouate, évoque une promesse. Valentina regarde en contrebas le petit lac gelé et, tout autour, des chalets neufs, ou en construction, comme la forme solide des rêves de leurs propriétaires. Devant des boutiques démodées, sur le trottoir, on a sorti des portants où sont serrés des manteaux de fourrure à prix cassés, les uns contre les autres. Seule sur une tringle, une robe du soir en strass vert, coupée dans le style des années 70 ou 80, se balance dans le vent. Valentina a l'impression qu'on liquide sur le trottoir la jeunesse des trois C, comme si l'esprit des animaux morts, leurs peaux exposées en plein soleil, avait triomphé de leurs rêves, mais aussi de ceux de toutes les jeunes femmes qui ont un jour couru dans l'obscurité en direction de clubs où, pensaient-elles, était caché l'amour.

Sans se concerter, Chris et Charlie s'éloignent de la route qui relie Crans à Montana, dirigeant Valentina d'une pression délicate, juste au coin du bras. Elles empruntent un sentier de terre qui grimpe vers la forêt. Au loin, on entend un ruisseau, et l'air s'emplit d'une odeur de pins, et d'humidité, des odeurs si familières. Valentina se souvient des écureuils courant au loin, devant le chalet, une course ponctuée de haltes. Leurs souffles s'accélèrent, Chris se penche en avant, en se tenant la hanche, Charlie respire vite, et Valentina, elle-même, ressent comme un vertige. La neige, luisante, compacte, s'épaissit autour de leurs mollets, comme pour les ralentir, mais elles ne s'arrêteront pas, on dirait que quelque chose les appelle, en altitude, ou dans les bois.

Elles passent devant un immeuble aux parois jaunies. C'est la seule habitation désormais, le terrain est plus abrupt, et partout, des arbres enchevêtrés semblent barrer l'accès. Même le silence est plus épais, Valentina a la sensation qu'elle pourrait passer les mains dans l'air et le saisir, en brassées tièdes. Chris marche en tête, Charlie juste derrière, le buste droit, ses cheveux délicatement soulevés par le vent ; de dos, elles ressemblent à des jeunes filles en promenade.

Elles pénètrent dans le bois, en file indienne, sur le chemin de plus en plus étroit. La neige a disparu, comme évaporée. Sous la voûte végétale, odorante, qui dissimule le ciel, on dirait qu'il fait plus chaud. Valentina a l'impression qu'elles ont changé de saison, d'année peut-être, qu'elles ont remonté le temps, ou qu'elles l'ont accéléré. Chris et Charlie se retournent, presque d'un seul mouvement, comme si elles communiquaient silencieusement, que leurs âmes ne faisaient qu'une, deux bulles se rejoignant pour se fondre l'une dans l'autre. Elles sourient, le nez de Chris se retrousse, une fossette presque invisible se dessine sur la joue de Charlie. Elles ressemblent à des gamines, se dit Valentina, et elle-même a la sensation de rajeunir, son ombre n'est plus qu'un trait. Peut-être est-ce l'air moins pur, moins piquant, ou la lumière qui tombe en filets à travers les branchages : c'est comme une menace qui s'éloigne, ou le ravissement que l'on ressent en découvrant une cabane. Il y a désormais une paroi transparente entre la montagne, son ciel bleu vénéneux, et leur abri, à toutes les trois, leur refuge à l'ombre de la forêt.

Pour la première fois depuis la veille, depuis qu'elle a grimpé, à Sion dans le car postal qui monte jusqu'à la station, la question « Est-ce qu'elle m'aimait ? » ne tourne plus dans son crâne. Valentina a l'impression que l'écho de la phrase chuchotée, comme prononcée à l'infini, s'est tu.

Tout le long de la route, qui lui donne encore mal au cœur, on lui avait dit que cela passait avec l'âge, mais c'est encore pire aujourd'hui. Valentina avait regardé le vide, les gorges si profondes qui ont avalé sa mère, et elle avait eu l'impression de la voir, une ombre dans un buisson, ou sur les cimes bleutées, à l'horizon. Sa mère, qui la fixait en silence, ses lèvres closes sur un secret.

Lorsque Chris et Charlie accélèrent le pas, Valentina sait qu'elles connaissent ce chemin, ce bois. À elle aussi il semble familier, elle l'a déjà vu, sur une photographie, ou dans ses rêves. Soudain, c'est comme un éclat de lumière, un mouvement furtif, dans les arbres, ou peut-être à l'intérieur d'elle-même, un souffle dans ses cheveux : Valentina sent à nouveau sa présence. Elle l'entend qui prononce son nom. Une main effleure sa joue, ou peut-être est-ce le vent, Valentina frissonne, elle se souvient de la douceur des caresses de Claudia, le soir, dans son lit, sa main qui semblait recouvrir tout son visage, comme une aile contre sa peau.

Valentina ouvre les yeux qu'elle avait clos, sans même s'en apercevoir. Elles sont immobiles, toutes les trois, au milieu du sentier, au milieu de nulle part, semble-t-il, et pourtant Valentina sent qu'elle a fait tout ce chemin, depuis la nuit où sa mère a disparu, pour arriver à cet endroit.

Chris s'assoit sur une souche, son grand manteau étalé autour d'elle se fond dans les couleurs de la forêt. Elle sourit, son rouge à lèvres déborde, comme si elle venait de donner un baiser. Charlie regarde dans le lointain, une main sur son front, puis s'approche de Valentina. Elle pose ses doigts, légers comme ceux de sa mère, sur son épaule.

« Nous sommes arrivées. »

La phrase résonne étrangement aux oreilles de Valentina, elle a l'impression qu'on lui transmet un message à travers un coquillage, ou qu'on lui rappelle un rendez-vous secret. La tête lui tourne, elle voit Chris qui fume, les yeux brillants, Charlie qui sourit avec une joie qu'elle ne lui connaît pas, et tout autour, le vert sombre de la forêt, les branches qui dessinent des figures, des angles, le chemin tapissé d'aiguilles comme une moquette. Elle entend sa mère qui chuchote, mais ses mots sont recouverts par le bruit du sang qui bat contre sa tempe.

Charlie a glissé un objet pointu dans la main de Valentina, un caillou, une lame peut-être. Elle baisse les yeux, elle tient dans sa paume un morceau de pain sec. À cet instant, c'est comme une membrane qui se déchire au-dessus de leurs têtes, un bruissement qui l'encercle, comme si le murmure de Claudia avait quitté son corps et se déployait maintenant dans les airs. Des taches grises et noires passent devant ses yeux. Chris s'est levée, elle est maintenant tout près d'elle, et Charlie respire tout près de son oreille. Valentina les regarde, elle déplie sa main, et alors, elle les voit, des mésanges, trois, puis quatre, qui volettent autour de leurs visages. Valentina les suit du regard, tend naturellement le bras. Il semble que sa poitrine est trop étroite pour absorber l'air qu'elle inspire, et soudain, tandis qu'elle sent les becs qui picorent sa paume, Claudia est là, tout près, elle tient son bras, ses yeux sont doux, son sourire éblouissant.

Elle l'entend qui chuchote « c'était toi, mon secret », et elle lui apparaît, petite fille, avec son air douloureux, et ses cheveux mal coupés, puis c'est une adolescente qui s'allonge et se transforme, ses yeux sont maquillés, ses cheveux poussent, en accéléré, de plus en plus blonds, ses hanches s'arrondissent, elle a le sourire éperdu des amoureuses, puis son ventre se met à enfler jusqu'à envahir tout l'espace, et Valentina entend sa voix qui dit, de plus en plus fort : « C'était toi, mon secret. Mon trésor, et mon chagrin. C'était toi. »

Valentina sent ses poumons qui se remplissent, comme deux poches tendues, et d'un coup, les oiseaux s'échappent, ils montent vers le ciel, traversent la paroi des arbres, rejoignent le ciel dégagé. C'est l'ombre qu'elles portent, que leurs mères ont portée avant elles, que leurs pères ont contenue, que leurs ancêtres ont gardée, prisonnière au fond d'eux, et qu'ils ont transmise à leurs fils, à leurs filles, sans le savoir, comme un passager clandestin, sombre, silencieux. Ce sont leurs désirs, les espoirs déçus, les mains sur leurs corps, la honte, l'indifférence, le silence, la peur, les êtres aimés disparus. Tout se déploie, et monte dans les airs, au-dessus de la forêt, des rivières. Tous les gestes retenus, les mots d'amour jamais prononcés, les regards détournés, les fautes enfouies, pour être oubliées, tout ce qui a été enseveli, et qui grandissait dans les cœurs de leurs enfants, ces petits garçons dénués de volonté, ces petites filles qui avaient l'impression de se désagréger, ou de tomber sans cesse, sans bras pour les retenir. Tout cela monte là-haut, au-dessus des sommets de la montagne, ils rejoignent la neige et le silence, ils s'évaporent dans l'immensité blanche là où sont conservés les secrets.

Tandis que des miettes s'échappent de sa main comme une pluie de poussière, Valentina regarde Chris, Charlie, et sa mère à travers elles, elle se souvient de sa douceur, elle reviendra dans ses rêves. Tandis que Valentina passera sa main sur le visage de son enfant, celui qui est là, minuscule au fond d'elle, elle se souviendra de la forêt, et des jeunes filles dont les espoirs flottent dans les airs.

Remerciements

Je voudrais remercier Claudie Leger Polack, Coco ZV et Marco Barras.

Coco et Claudie aux Quatre cents coups,
Crans-Montana, juillet 1966.

CET OUVRAGE A ÉTÉ COMPOSÉ
PAR PCA
POUR LE COMPTE DES ÉDITIONS J.-C. LATTÈS
17, RUE JACOB – 75006 PARIS
ET ACHEVÉ D'IMPRIMER EN FRANCE
PAR CPI BUSSIÈRE
À SAINT-AMAND-MONTROND (CHER)
EN SEPTEMBRE 2015

N° d'édition : 03 – N° d'impression : 2018289
Dépôt légal : septembre 2015